Série Mon ange gardien

Tome II

Mon ange gardien d'amour

JOHANNE LANDERS

Copyright © 2012 Johanne Landers
All rights reserved.
ISBN Impression papier : 978-2-924494-41-7
ISBN numérique: 978-2-924494-42-4
ISBN PDF: 978-2-924494-43-1

Tous droits réservés, y compris le droit de reproduction de tout ou partie de l'ouvrage, sous quelque forme que ce soit. Ce livre est publié avec l'autorisation de Johanne Landers. Cette œuvre est une fiction. Les noms propres des personnages, les lieux, les intrigues, sont soit le fruit de l'imagination de l'auteur, soit utilisés dans le cadre d'une œuvre de fiction. Toute ressemblance avec des personnes réelles, vivantes ou décédées, des entreprises, des événements ou des lieux, serait une pure coïncidence.

MON ANGE GARDIEN D'AMOUR

Angel est devenu comme Rico, accro au sexe. Elle fera des recherches pour trouver les réponses à ses questions avant de retourner vers lui, car elle sait qu'il a des secrets et cela la tourmente. Elle voudrait qu'il lui ouvre son coeur, mais pour ce faire, elle devrait entrer dans son monde de fantaisie sexuel, mais jusqu'où l'entrainera-t-il. Cela devient de plus en plus difficile de vivre sans lui. L'amour l'emportera sur eux. En retournant vers lui, elle pose ses conditions et Rico devra faire face ou il la perdra à nouveau. Il veut la protéger et l'aimer. Il sera détruit s'il la perd. C'est la seule femme qui le comprend et à qui il peut ouvrir son cœur.

Angel était déchirée de ne pouvoir être capable de vivre avec l'homme qu'elle aimait tant, ce personnage qui avait deux personnalités, mais aussi tendre l'une que l'autre. Elle devait trouver des réponses avant de pouvoir faire le choix de retourner avec lui ou ne plus jamais le revoir. Elle ferma les yeux pour pouvoir ressentir les caresses de Will sur son corps. Il était si tendre et doux avec elle. Il ne voulait que son plaisir, mais elle réalisait qu'elle l'aimait déjà beaucoup trop. Son premier vrai amour était devenu sa vie. Sans lui, Angel n'était pas certaine de pouvoir survivre. Le mal qu'elle ressentait en elle la déchirait.

Elle avait décidé de partir. L'hélicoptère qui la transportait venait à peine de partir du bateau de Will.

— Je vous amène à la maison madame.
"À la maison, je n'ai plus de maison, je n'ai plus de chez-moi…je n'ai plus personne." Non, amenez-moi sur la terre ferme le plus près possible.

Elle ouvrit sa bourse et en sortit la carte lui permettant de monter à l'appartement de Will et elle vit qu'elle avait toujours le bracelet de diamant à son bras. Elle ne l'avait jamais enlevé.

— "Parce que j'avais été gentille, hum, je comprends le sens aujourd'hui. Pas parce qu'il m'aimait, mais ne pouvait pas me le dire. J'aime à le penser. Je ne suis peut-être qu'un jeu pour lui…je ne sais plus."

Elle l'enleva. En sortant, elle demanda au chauffeur de rapporter ces objets à Ricardo sur le bateau. Il lui tendit une carte d'affaires.

— Si jamais vous avez besoin de mes services. Bonne journée madame.
— Merci.

Le pilote l'avait déposé dans un petit port sur le bord de la mer. Elle marcha jusqu'au centre-ville où elle trouva un guichet bancaire et retira cinq-cents dollars du compte que William lui avait ouvert. Elle s'aperçu que le solde était à dix milles dollars. Will avait fait déposer ce montant à son compte.

— "Belle manière de se débarrasser d'une femme Rico. Mais je ne veux toujours pas de ton argent."

Elle alla s'installer dans un restaurant et décida qu'elle resterait dans ce village, pour être loin de la grande ville et pouvoir faire le point en elle. Elle s'informa, mais la dame lui indiqua qu'il n'y avait rien à louer dans le village. Elle décida de prendre le bus qui l'amena plus loin dans un autre village, mais c'était la même chose. Alors elle reprit le bus jusqu'au prochain village et trouva enfin ce qu'elle voulait. Une maison éloignée, où elle pourrait être seule.

— Oui, justement ma soeur veut venir habiter avec moi au village, mais elle ne trouve personne pour sa maison. Elle est à vendre, elle vous la louerait peut-être. La maison est sur le bord de la mer, elle est très isolée par contre.
— Ce serait parfait, c'est exactement ce que je rechercher.
— Elle est chez moi en ce moment, je vais l'appeler, attendez-moi. Vous pourriez la suivre avec votre voiture jusque-là pour visiter.
— Je n'ai pas encore de voiture.
— Oh! Mais c'est trop éloigner pour habiter là sans voiture mon petit.
— Je veux trouver un endroit où habiter avant et ensuite je verrai pour la voiture.
— Bon, alors elle vous amènera.
— Je vais traverser à la banque et faire quelques courses à l'épicerie en face et je reviens ici.

L'endroit était parfait. La maison avait deux étages en plus d'une grande espace au grenier. C'était paisible, Angel écoutait le bruit des vagues, il y avait quelques chaises et une balançoire sur le porche. La dame lui laissait tous les meubles avec un supplément qu'Angel pouvait payer facilement.

— C'est parfait. Je vous remercie. Je voudrais vous payer aujourd'hui pour m'avoir apporté jusqu'ici?
— Non mon enfant, juste le loyer.
— Alors le prix est de sept cents par mois. Je vous paie pour deux mois.
— Merci c'est gentil. Bonne soirée Mademoiselle.
— Merci vous aussi.

MON ANGE GARDIEN D'AMOUR

Elle resta seule à se bercer sur le porche, elle pouvait enfin laisser aller ses larmes. Où allait sa vie? Elle ne comprenait plus. Elle décida qu'elle resterait ici jusqu'au début des classes et qu'elle verrait ensuite. Il était impossible d'essayer de penser maintenant, elle devait se reposer avant.

Elle vit que Kelly lui avait envoyé plusieurs messages, mais rien de Rico. Elle décida de lui répondre qu'elle allait bien et qu'elle devait réfléchir à sa vie.

Quand Kelly vit le message d'Angel, elle se rendit voir Will immédiatement.

— Bonjour Will.
— Bonjour, ça va bien Kelly?
— Will, elle m'a enfin répondu.

Le visage de Will s'éclaira, il était anxieux de savoir ce qu'Angel lui avait répondu. Lui avait-elle parlé de lui?

— Où est-elle?
— Je ne le sais pas, elle me dit qu'elle va bien et qu'elle doit réfléchir seule à sa vie.

Il pinça les lèvres. Elle était belle et bien partie.

— Bien Kelly. Essai de savoir où elle est. J'ai besoin d'elle Kelly, mais je dois respecter sa décision, mais je veux savoir si elle est en sécurité. Alors je dois attendre, mais je veux quand même savoir où elle se trouve.

— Je comprends Will, je vais essayer, mais sans la brusqué pour ne pas qu'elle coupe tout contact avec moi.
— Bien penser, oui.
— Tu viens avec nous ce weekend?
— Non, j'ai du travail. Merci
— Will, tu as besoin de reprendre goût à la vie, de te détendre.
— Désolé, Kelly, j'ai un rendez-vous qui m'attend.
— Bien, je ne veux pas te retenir.
— Merci

Will appela Ricardo.

— Ricardo, Angel utilise toujours son téléphone portable, crois-tu que nous pourrions la retracer. Juste pour savoir si elle va bien, si elle est en sécurité.
— Oui, je vois.
— Mais qu'est-ce que tu vois, merde?
— Je voyais qu'elle comptait beaucoup pour toi Rico, beaucoup plus que n'importe qu'elle femme que tu as eu depuis que je te connais. Alors je me suis permis de jeter une puce dans sa bourse.
— Tu as fait ça et tu ne me là jamais dit.
— Hum, je ne voulais pas te blesser en parlant d'Angel, je ne te l'aurais pas dit si tu n'en avais jamais plus reparlé.
— Alors tout ce temps, tu savais où elle était.
— Ça chauffe là ou quoi? Tu es fâché contre moi?
— Non. Je ne peux pas l'oublier Ricardo. Je l'aime, je suis fou d'elle. Je n'en dors plus. Dis-moi où elle se trouve.
— Elle va bien, elle s'est installée dans une maison qu'elle loue au bord de la mer. Elle n'a toujours pas de

véhicule et la maison est un peu éloignée, alors elle a repris la bicyclette.
— Encore la bicyclette!

Ricardo sourit.

— Oui. Tu veux aller la voir?
— Je ne sais pas si elle est prête à me revoir. Je vais lui envoyer un texte et je verrai si elle me répond, nous verrons par la suite.
— Rico, que dirais-tu de faire un tour de bateau ce weekend?
— Non, j'ai du travail. Pourquoi tout le monde veut m'apporter en bateau? Vas-y toi.
— Rico, veux-tu faire du bateau jusqu'à ce que nous puissions voir une certaine maison?
— Ah oui! Pourquoi ne me dis-tu pas tout, tout de suite et simplement?

Un camion arrivait chez Angel.

— Bonjour madame.
— Bonjour.
— Cathy voulait que je passe vous dire qu'une grosse tempête s'annonce, elle se dirige droit sur nous.
— "Merde non". Alors je devrais me rendre dans une grande ville. Vous croyez qu'il y a un bus qui part aujourd'hui?
— Oui y'a bien un bus qui part dans environ une heure.

— Très bien, alors je partirai pour quelques jours. Vous pouvez m'attendre quelques minutes? Je prends mes affaires et je viens avec vous.
— Je vous attends. Vous prenez une sage décision. Je reviendrai fermer la maison pour vous.
— Merci c'est gentil, je vous payerai à mon retour.
— Ce n'est rien madame.

Six heures plus tard, elle était installée dans une chambre d'hôtel et se préparait pour se rendre à la bibliothèque. Pendant ce temps Ricardo annulait le voyage en bateau.

— Rico, nous ne pouvons pas aller en bateau, les conditions ne nous le permettent pas. Mais j'ai vu qu'Angel s'était déplacée elle aussi. Elle s'est déplacée de la côte et elle est maintenant bien installée dans un hôtel à Richmond Virginia.
— Comment sais-tu tout ça toi?
— J'ai engagé un détective privé qui se déplace chaque fois qu'elle se déplace.
— Tu peux m'informer de tout dans ta surveillance s'il vous plaît Ricardo.
— Oui, tu es jaloux que je sache tout ça hein.

Rico lui sourit.

— Oui un peu, mais je suis aussi très content de t'avoir à mon service et comme ami. Merci, ça me rassure.

MON ANGE GARDIEN D'AMOUR

Angel s'installa pour faire des recherches. Elle entreprit des recherches sur Will, elle voulait mieux le connaître pour pouvoir comprendre ses agissements. Elle fit des recherches sur Will Cooper, William Cooper. Les deux étaient considérés comme multimillionnaires, mais le fils l'emportait sur le père. Will était surnommé l'homme le plus riche de la planète.

— "Le plus riche de la planète et il m'avait choisi moi....mais je dois me résonner. J'ai peur de n'avoir été qu'un jouet de plus à sa collection sexuelle".

Elle se prépara à partir quand soudain elle pensait à Rico. Elle reprit ses recherches. Il y avait beaucoup plus de sujets à éplucher avec ce Rico. Elle ne trouvait rien qui aurait pu l'aider.

Elle commença à marcher vers son hôtel quand elle s'aperçut qu'un véhicule semblait la suivre. Elle l'avait aussi vu dans le village où était située la maison qu'elle avait prise en location.

— "Il me fait suivre et pourquoi donc?"

Elle ressentait une joie en elle. S'il la faisait suivre, c'est qu'il pensait à elle. Elle se rendit à sa chambre et se coucha sur le dos et laissa aller ses larmes, elle l'aimait vraiment...elle aimait les deux, Will et Rico. Angel ne savait plus quoi faire. Elle se sentait coupable et elle avait honte de sentir qu'elle voulait tout au fond d'elle-même de vouloir explorer ce terrain dangereux avec Rico. Il lui restait cinq semaines avant de reprendre ses études. Elle ne savait pas non plus si elle devait retourner à la même université. Sa vie redevenait un enfer mais cette fois par la douleur de l'amour.

— "Mais combien d'enfer il y a sur cette terre de merde."

Elle s'endormit en pensant aux caresses que lui faisait Rico.

— J'ai un peu d'information sur Angel pour toi Rico.
— Hum, hum.
— Elle a passé trois heures dans une bibliothèque hier.
— Elle ne trouvera rien sur moi.

Angel s'éveilla, se doucha et quand elle descendit déjeuner, elle entendit des policiers qui parlaient d'une enquête en cours. Ceci lui fit penser qu'elle connaissait un policier, celui qui avait enquêté sur la mort de sa mère. Il lui avait dit que si elle avait besoin de quoi que ce soit, elle pouvait le contacter.

— "Comment puis-je faire confiance à un policier? S'il s'avère que ce que Rico fait est illégal. Je le connais si peu. Ils vont peut-être lui faire du mal. Je ne peux pas".

Elle décida que la meilleure façon d'essayer de trouver quelque chose sur Rico ou Will, était peut-être à travers sa comptabilité. Elle téléphona à la banque pour savoir comment il avait pu faire un dépôt dans son compte. Elle apprit que les deux dépôts avaient été signés un par Will et l'autre, celui du club Le Repart par Ricardo. Elle ne s'attendait pas à ça.

— "Impossible, je ne comprends pas. Les deux dépôts, alors son père est de mèche avec lui si c'est Ricardo qui a fait le dépôt. Mais non, William avait l'air trop sincère. Y'a quelque chose qui cloche dans tout ça. Will, je te déclare la guerre." J'ai besoin d'un pirate informatique. Will tu as joué avec ma tête et mes sentiments et je n'aime pas ça. Je sais que tu m'aimes et je t'aime aussi, mais j'ai besoin de comprendre ce qui cloche dans tout ça.

Elle avait entendu parler de quelqu'un à l'université, mais ne pouvait le joindre ne sachant pas exactement qui il était. Elle devait retourner à Manhattan pour essayer de le retrouver. Elle devait monter un plan pour se débarrasser de celui qui la suivait avant de pouvoir y retourner.

Elle sortit de la bibliothèque où elle était retournée faire d'autres recherches et se rendit à un guichet bancaire pour retirer un nouveau montant de cinq cents dollars. Elle s'acheta un nouveau téléphone portable et comme elle était sur le point de jeter l'ancien dans une poubelle pour que Will ne puisse pas la traquer, elle reçut un texte. Elle resta figée, il était de Will. Le premier message de lui depuis qu'elle était partie, depuis trois semaines.

Elle retourna à son hôtel et lut le message.
*Mon petit ange, j'ai vraiment
besoin de toi, tu sais.*

Reviens, nous parlerons.
Je t'aime mon ange.
W.

    Elle pleura à nouveau toutes les larmes de son corps. Après quelques heures à pleurer, elle se leva, prépara sa valise et demanda un taxi, mais il devait la prendre à l'arrière de l'hôtel. Elle laissa son ancien téléphone portable dans la chambre à regret, car elle ne pourrait plus recevoir de message de Will. Le taxi l'attendait comme prévu derrière l'hôtel.

    Elle se fit déposer dans un endroit public pour pouvoir marcher quelques rues tout en vérifiant qu'on ne la suivait pas. Elle reprit un autre taxi pour l'aéroport. Elle avait deux heures d'attentes avant son avion. Elle décida de marcher devant les boutiques pour passer le temps. Elle s'aperçut qu'elle était suivie à nouveau.

    Elle arqua les sourcils et leva les yeux au ciel.

— ''Mais comment font-ils? Il doit me traquer avec quelque chose d'autre que mon téléphone portable.''

    Elle devait trouver. Elle se rendit à la salle de bain puis se regarda dans le miroir. Elle regarda sa bourse, c'était une autre des choses qu'elle avait toujours sur elle.

— Probablement ça, c'est une des choses que j'ai toujours avec moi depuis mon départ du bateau.

Elle alla acheter une autre bourse le plus similaire possible et changea de bourse.

— ''Bon, je dois encore le semer.''

Elle prit un taxi jusqu'à la station de train la plus proche. Elle y entra pour ressortir par une autre porte, prendre un autre taxi pour se rendre à une station de bus pour encore jouer le même jeu pour se rendre juste à temps à l'aéroport pour embarquer sur son vol.

Arrivée à Manhattan, elle choisit un hôtel où elle pouvait voir de loin l'édifice où Will habitait. Elle partit visiter les cafés étudiants pour voir le gars qu'elle avait entendu parler d'un pirate informatique à l'université. Elle recommença ses visites pendant cinq jours avant de voir celui qu'elle cherchait.

— Salut, je me présente, je suis Angel. Je vais au même campus que toi.
— Salut Angel, moi c'est Gordon.
— J'aimerais avoir une information. Je suis prête à payer. Je t'ai déjà entendu parler d'un pirate informatique un jour et j'aurais besoin de ses services le plus vite possible. Je sais que tu peux m'aider.
— Hum, viens. On ne reste pas ici, on va marcher. Pourquoi veux-tu un pirate informatique ?
— Quelle question !

Il arqua les sourcils.

— Pour quel travail ?
— C'est personnel, il n'y a que lui qui devra savoir.

Gordon lui sourit.

— C'est moi qui fais toutes les transactions entre mon contact et les clients. Tu as de l'argent pour ça? C'est cher.
— Oui. Je peux payer.
— C'est mille dollars en partant. Après le prix dépend du travail. Tu devras mettre l'argent dans une enveloppe avec une feuille décrivant ta demande, ton nom complet, le numéro pour te joindre, la raison de cette demande d'information et à quoi va te servir cette information.
— Si nous allions prendre un café, je pourrais te donner le tout…
— Non. Laisse-moi ton numéro et je te rappelle après avoir parlé à mon contact.

Elle lui donna son numéro et attendit pendant deux jours avant qu'il communique avec elle.

— Will, elle a encore semé l'agent.

Will baisa la tête et il sourit.

— Elle est incroyable. Alors elle savait qu'elle était suivie. Pas trop efficace ton agent Ricardo.
— Désolé.

— A-t-il trouvé ce qu'elle cherchait à la bibliothèque cette fois-ci ?
— Elle a encore fait des recherches sur Will Cooper et William Cooper.
— Pourquoi sur mon père? Ah! Je ne veux pas qu'il soit mêlé à ça.
— Elle a aussi cherché sur Rico, mais elle ne semble pas avoir rien trouvé. Elle a aussi demandé à recevoir une copie des deux dépôts qui ont été faits à son compte.
— Elle cherche vraiment quelque chose sur moi. Je savais qu'elle était différente des autres femmes qui ne voient que l'argent. Elle est intelligente, mais elle ne trouvera rien, car j'ai de bonnes barrières.
— Elle a réalisé que j'avais mis une puce dans sa bourse, car elle a jeté l'autre et elle s'est aussi défaite de son téléphone portable. Tu ne pourras plus la joindre.
— Surveillez le compte bancaire.

Angel reçut l'appel qu'elle attendait.

— Bonjour Angel.
— Bonjour.
— Gordon à l'appareil. Venez me rejoindre tout de suite en face du Grand Palace Hôtel.

Angel s'y rendit immédiatement.

— Bonjour Gordon.
— Bonjour. Angel, qu'est-ce que tu fais à l'hôtel? Pourquoi habites-tu là?

— ''Bon! Il s'est informé sur moi''. J'y habite le temps que je sache ce que je dois faire. Après avoir reçu l'information dont j'ai besoin, je déciderai si je retourne avec mon copain ou si je me trouve un endroit à moi.
— Bon, tu as l'information que je t'ai demandé? Je vais communiquer avec toi bientôt par la suite.
— Voilà, tout est dans cette enveloppe avec l'argent. Vais-je avoir des nouvelles très bientôt?
— Quelques jours. Salut.
— Merci.

Angel devait encore attendre son appel. Elle avait pris soin d'indiquer que le pirate informatique pouvait laisser une carte de visite sur les sites qu'il visitait. Elle avait demandé qu'il laisse le nom ANGEL. Elle dut attendre quelques jours encore avant de recevoir l'appel.

— Angel, c'est Gordon.
— Bonjour Gordon.
— Le prix sera de sept mille dollars.
— Bien. Dans combien de temps vais-je avoir l'information?
— Rejoint-moi dans une heure au café MoonShine sur Presley Road avec l'argent dans une enveloppe.
— Bien, je vais passer à la banque et j'arrive.

Elle prit un taxi jusqu'à la banque et marcha ensuite jusqu'au café, car elle n'avait qu'un coin de rue à faire. Elle n'eut pas de chance, car Ricardo l'avait vu marcher sur la rue.

— Hé! Angel.

— Ah merde!

Il la prit dans ses bras pour lui faire l'accolade.

— Angel, je suis si content de te voir. Comment vas-tu?
— Bien.
— Tu sais que mon patron est fâché contre moi très souvent ces temps-ci. C'est parce que je dois toujours lui dire que je t'ai perdu de vue. Tu sais que tu es très bonne à ce jeu-là.

Angel sourit, mais ses yeux s'emplirent de larmes.

— Ne pleure pas. Ne disparaît plus comme ça Angel. Tu n'as pas besoin de te cacher, tu lui manques vraiment tu sais.

Angel savait bien que si elle ne se cachait pas, Will essayerait de la revoir et elle ne pourrait pas lui résister. Elle se devait de continuer ce qu'elle avait commencé pour pouvoir avoir une meilleure relation avec Will ou ne plus le revoir.

— Je dois prendre un taxi, j'ai un rendez-vous et je suis déjà en retard.
— Attends Angel. Je voulais te dire que tu es la seule femme pour qui il a fait des sacrifices.
— C'est bien. C'est noté.
— Angel arrête de jouer la comédie avec moi. Je sais très bien que tu l'aimes autant qu'il t'aime et que c'est sincère entre vous deux.

— Il ne veut pas partager sa vie avec une femme Ricardo, il veut une poupée à son service.
— C'était vrai avant toi ça. Laisse-lui une chance, il doit apprendre à vivre d'une autre façon, une façon qu'il n'a jamais connu.
— C'est un enfant gâté.
— Oui, je suis bien d'accord avec toi. Mais tu es une des personnes qui comme moi, a pu voir son cœur meurtri.

Angel avait les larmes qui coulaient. Elle vit un homme sortir d'un taxi et s'y faufila rapidement, sans laisser la chance à Ricardo de la rattraper.

— Démarrez, vite je suis en retard. Je dois me rendre au café MoonShine sur Presley Road, mais j'aimerais faire le tour du pâté de maisons avant de m'y rendre. Je dois m'assurer d'avoir semé cet homme.
— Bien madame.

Ricardo était resté planté sur le trottoir.

— Merde! Elle m'a encore eu.

Ricardo devait rencontrer Rico dans quelques minutes.

— Salut Rico.
— Salut. On dirait que tu as vu un fantôme.
— Je viens de voir Angel, elle est à Manhattan.
— Elle est ici?

— Oui. Je l'ai vu sur la rue. Je suis allé lui parler et pendant la conversation…elle s'est enfuie en taxi. Elle m'a encore filé entre les doigts. Elle ne m'étonne plus cette fille. Elle pleurait, je sais qu'elle t'aime Rico, elle reviendra peut-être quand elle aura trouvé ce qu'elle cherche. Aussi, j'oubliais de te dire qu'elle dit que tu es un enfant gâté.

Ricardo lui souriait, ce qui fît sourire aussi Rico, mais celui-ci était incapable de parler et il avait les yeux mouillés.

— Je dois te parler Rico d'un petit problème que nous avons depuis deux jours.
— Hum…Lequel?
— Quelqu'un entre dans nos systèmes.
— Je croyais avoir les meilleurs systèmes de protection.
— C'est vrai aussi. Mais la personne qui fait ça est très professionnelle.
— Que pouvons-nous faire dans ce cas?
— Hum…
— Ricardo, qu'est-ce que tu n'oses pas me dire?
— Le pirate informatique laisse une signature partout où il passe. C'est ce qu'on appelle une carte de visite. Apparemment, il ne fait rien de mal, juste collecté des informations.
— Quelle est cette signature?

Ricardo sourit.

— C'est là le problème. La signature c'est ANGEL.

Rico baissa la tête et se pinça le haut du nez et il partit à rire.

— Incroyable cette fille.
— Je crois que quand Angel aura l'information qu'elle veut et elle l'a peut-être déjà, cela cessera c'est tout.
— Mais qu'est-ce qu'elle cherche? Prends quand même les mesures nécessaires pour faire renforcer nos systèmes de protection.
— Bien.

Angel alla faire l'achat d'un ordinateur portable et d'une imprimante. Elle retourna à l'hôtel et éplucha les données que Gordon lui avait donné, elle y passa deux jours, mais elle ne trouva rien.

Elle avait besoin de prendre l'air. La noirceur s'installa tranquillement sur la ville. Elle marchait dans le parc sans regarder vraiment où elle allait et soudainement elle réalisa qu'elle était devant l'édifice où habitait Will. Elle leva les yeux et laissa couler ses larmes. Les lumières de l'appartement de Will étaient alumées. Elle aurait tellement voulu l'apercevoir. Tout à coup il s'approchait de la rampe de sécurité. Il avait un verre à la main.

— ''Son whisky.''

Les larmes coulaient sur les joues d'Angel. Elle l'aimait si fort, mais elle devait le comprendre avant de lui faire face à nouveau. Savoir ce qu'il cherchait à lui cacher à tout prix.

Will baissait doucement les yeux vers elle. Ils se regardèrent dans les yeux. Il lui cria.

— Angel, s'il te plaît Angel attend.

Elle courait déjà. Lui et Ricardo avaient essayé de la retrouver, mais elle connaissait trop bien ce coin de la ville.

— Impossible de la retrouver.
— Elle me surveille aussi. Quelle ironie, une vraie comédie! Je suis l'homme le plus riche sur la terre, mais je ne suis pas capable de retrouver la femme que j'aime et elle, elle est là, tout près de moi, elle me surveille. Ricardo, qui penses-tu qui gagnera entre nous deux.

Ricardo lui sourit.

— Rico, si elle est à ta porte, elle te reviendra. Soit patient. Ce qui m'intrigue par contre, c'est de savoir pourquoi elle attend et ce qu'elle recherche?
— Tu crois qu'elle me reviendra vraiment?
— Oui, mais je n'ai peut-être pas raison. Pourquoi se cache-t-elle? Elle me rend fou cette petite.
— Ah! Ah! Ah! Et moi donc. Elle nous a bien eu celle-là. Mais…je l'aime, je veux qu'elle me revienne. Si jamais tu la revois et que tu arrives à lui parler, s'il vous plaît, essai de savoir ce qu'elle chercher. Je pourrais peut-être lui donner la réponse.

— Oui je le ferai. Tu sais Rico, j'ai peur qu'elle ait trouvé que le club t'appartient. N'oublie pas qu'elle a trouvé pour les dépôts faits à son compte.
— Oui, j'y ai pensé. Je n'y peux rien sans pouvoir lui parler et lui expliquer. Mais, peut-être que ce n'est pas ce qu'elle cherche.
— Tu aurais dû l'impliquer plus dans ta vie et lui faire confiance. Elle dit que ce n'est qu'une poupée que tu peux contrôler que tu as besoin.

Rico baissa la tête et fit signe que oui.

Angel éplucha à nouveau les comptes de la firme de location de bureau et celle de la firme d'architectes, mais elle ne trouvait toujours rien. Elle avait même fait refaire une recherche pour les finances personnelles de Will, rien. Elle devait demander maintenant quelle firme avait fait les plans du club. Le design dans ce club avait quelques petites similarités avec l'intérieur de chez Will ainsi que sur les deux bateaux.

Elle entra en contact avec Gordon à nouveau. Et quelques jours plus tard, elle reçut un appel.

— Bonsoir, vous êtes Angel?
— Oui.
— Venez me rejoindre au bar de votre hôtel.
— Qui êtes-vous? C'est Will qui vous envoie?
— Non, je suis la personne qui fait vos recherches.

Angel fût surpris de voir que son pirate informatique était une femme.

— Ah! J'arrive.

Angel alla rejoindre la femme au bar sans savoir qui elle était. Celle-ci avait coupé la communication avant qu'elle puisse lui demander. Il n'y avait qu'une femme seule au bar.

— Bonsoir.
— Je suis Nina. Il est très rare que je rencontre mes clients. Mais vous m'amusez, alors j'ai décidé de vous rencontrer.

Angel sourit.

— ''Je l'amuse, pourtant moi je ne m'amuse pas''. Je suis contente de vous rencontrer. Je vais pouvoir mieux vous expliquer ce que je recherche.
— Oui.
— Tu vois Nina j'ai un copain que j'aime beaucoup, mais il me cache des choses et j'ai besoin de savoir ce qu'il me cache pour savoir si je fais une erreur ou pas d'être avec lui.
— Je comprends. Ton copain est très riche, tu sais.
— Oui je sais. Mais son argent ne m'intéresse pas, c'est lui qui m'intéresse.
— Alors, tu n'as pas trouvé ce que tu cherchais dans ses finances personnelles?

— Non. J'aimerais si cela est possible, avoir des plans qui ont été faits et les écrits financiers qui y sont rattachés pour le club Le Repert. Aussi j'aimerais tout ce que tu peux trouver sur ce club.
— Tu es déjà allé à ce club Angel?
— Oui.
— Moi aussi, je suis membre. Bien, disons que je pourrais te fournir cela dans quelques jours.
— Merci, j'apprécie beaucoup ce que tu fais pour moi.
— Tu me payes bien Angel.
— Oui, mais quand même. J'aimerais aussi que tout ce que tu vois soit toujours gardé secret.
— Absolument. Est-ce que je laisse toujours la signature de ton nom?
— Oui, ça, c'est le plus amusant.

Elles rirent tous les deux.

— Angel, tu sais qu'il y a un très grand danger à fouiller dans les choses de cet homme. Il est si riche, il pourrait t'écraser comme une mouche, mais s'il ne l'a pas déjà fait c'est qu'il doit bien t'aimer. Ne le fâche pas par contre car il pourrait te faire emprisonner, tu sais.
— Non, il ne fera pas ça. Je ne suis pas du tout inquiète sur ce point.
— Très bien. Je suis contente de t'avoir rencontré. Je t'appelle dans quelques jours. Salut.
— Salut et merci.

Elle réussit à avoir des informations sur plusieurs plans. C'était bien sa firme qui avait fait les plans, mais curieusement, aucune facture n'était là pour ces plans.

— ''Peut-être qu'il a fait les plans gratuitement et maintenant il a son entrée gratuite au club.''

Elle finit par recontacter Nina et lui demander si elle pouvait avoir les documents comptables des finances personnelles de Ricardo. Elle devait savoir pourquoi Ricardo avait signé le chèque de dix mille dollars qu'elle avait reçu du club. Il avait peut-être été l'intermédiaire dans tout ça où que le chèque ne venait pas du tout du club, mais bien de Will.

Angel trouva enfin ce qu'elle cherchait. Elle avait réussi à relier Will au club. Il lui appartenait. Tout ce qui avait attrait au club se trouvait noir sur blanc dans le compte de Ricardo. Il était bien l'intermédiaire et plus encore.

— ''Y'a quelque chose qui cloche encore là. Qu'est-ce que…il a plusieurs clubs! Ah la vache!''.

Elle débuta ses recherches et fit le calcul, il appartenait vingt-deux clubs en tout.

— ''Vingt-deux!…Vingt-deux clubs. Je comprends maintenant quand ils disent qu'il est l'homme le plus riche de la planète. Incroyable!''.

Ayant acquis une certaine expérience de recherche, elle trouva que dix-neuf clubs étaient à lui seul et que trois d'entre eux étaient en partenariats avec Mélissa Dune.

— Qui est-elle pour lui?

Elle commençait enfin à avoir des résultats. Angel reprit ses recherches, mais ne trouva rien sur une liaison entre eux. Naturellement, tout ce qui est relié à Will sur internet semblait être très banal.

— Alors, je vais garder cette dernière information pour pouvoir tester la sincérité de Will envers moi.

Elle avait enfin réussi à trouver ce qu'elle voulait, même si cette Mélissa Dune l'agaçait. Elle prit un long bain tout en essayant de penser au meilleur moyen de revoir Will en privé. Retourner dans le parc à l'avant de son immeuble et l'appeler serait probablement le meilleur moyen.

Elle sortit du bain et décida que le lendemain elle prendrait rendez-vous pour des soins corporels, une manucure, rafraichir sa coupe de cheveux, un message et un peu de magasinage lui ferait un grand bien avant de retrouver Will. Elle voulait qu'il la désire comme elle le désirait. Elle trouverait des vêtements qui l'enflammerait.

— ''Merde! Comment ai-je pu tomber si éprise pour un homme? Je veux tellement me donner à lui que je ne me contrôle plus.''

MON ANGE GARDIEN D'AMOUR

Elle fit des copies de quelques documents nécessaires à ses arguments et elle détruit tous les autres documents surtout ceux sur la découverte de cette Mélissa Dune. Deux jours plus tard, elle partit en direction de l'appartement de Will. Elle s'installa au même endroit où il l'avait aperçu. Elle décida d'attendre un peu pour calmer ses battements de cœur affolés.

Elle n'arrivait pas à se décider. Elle devait être certaine, car elle savait très bien qu'elle ne pourrait lui résister. Elle s'avança doucement, exactement au même endroit où il l'avait aperçue la dernière fois. Elle le vit appuyé sur la rampe, il prenait un appel, puis il disparut à l'intérieur. Elle dut attendre vingt minutes avant qu'il revienne sur la terrasse. Il baissa les yeux sur elle. Il laissa aller sa tête vers le bas en signe de découragement, ce qui fit sourire Angel. Elle prit son téléphone portable et fit son numéro. Il répondit.

— Que me fais-tu mon ange?
— Et toi, que m'as-tu fait? Je peux te voir?
— Oui, je viens te chercher en bas.

Il apparut en un rien de temps. Il ne pouvait s'empêcher de la prendre dans ses bras et lui donner un baiser sur la tempe. Il n'osait toucher à ses lèvres pour l'instant. Il dut se retenir, il ne voulait pas la brusquer.

— Viens, nous allons discuter là-haut.

Il servit deux verres et alla s'asseoir près d'elle.

— Alors, pourquoi te caches-tu comme ça mon ange?
— Will, tu as vraiment du travail à faire côté sécurité c'est terrible.
— Tu parles de ta signature que tu laisses partout?
— Attend. Celui qui me surveillait pour commencer.
— Oui, tu me là très bien démontré.
— Aussi, c'est très facile de pirater tes systèmes.
— Hum, hum. Disons que tu avais un très bon pirate informatique. Laisser ta signature, c'était audacieux de ta part.

Elle se mordit la lèvre inférieure. Elle ne s'attendait pas à une telle réaction de sa part. Il lui souriait.

— Angel, personne ne peut entrer dans mes systèmes. C'est la première fois.
— Pourtant, j'ai pu avoir tout ce que je voulais.
— Alors, tu as réussi à entrer dans la firme ?
— Oui, j'ai eu les finances et des informations sur certains plans aussi.
— Pourquoi des plans ?
— Avant que je continue Will, est-ce que tu as des choses dont tu voudrais me parler ?
— Non.

Angel fût déçu de sa réponse. Elle ne souriait plus.

— Ah! Dans le texte que tu m'as envoyé Will, tu voulais qu'on discute. Alors de quoi veux-tu discuter alors ?

— Je veux que tu reviennes. C'est tout, je t'aime mon ange.

Il avait touché une corde sensible. Elle aurait voulu se mettre à pleurer toutes les larmes de son corps.

— Hum, très bien je vais continuer dans ce cas. J'ai étudié les plans du club. C'est bien ta firme qui les a faits Will?

Will ferma les yeux.

— ''Elle a bien trouvé que le club m'appartient.'' Oui Angel, c'est moi qui ai fait les plans.
— Je le sais parce que cet appartement et tes deux bateaux ont des similarités que j'ai vues au club.
— Tu es très observatrice.
— J'étudie en architecture, tu te rappelles?
— Un point pour toi.
— Oh! Si on marche par point, je vais en avoir beaucoup chéri. Je voudrais que notre discussion soit plus sérieuse.
— Oui c'est vrai. Que me fais-tu Angel?
— L'autre chose, c'est que les finances du club ne sont pas bien protégées non plus.
— Angel, je vais finir par avoir un mal de tête. On m'a expliqué que celui qui entrait était un professionnel. Explique-toi. Je sens que tu vas gagner un autre point de toute façon, tu es trop forte à ce jeu-là.
— Ce n'est pas un jeu. Si Ricardo paye les employés du club, alors le club est à toi Rico.

Il la regarda droit dans les yeux. Il ne savait plus quoi lui dire, elle le mettait complètement à nu.

— Ce que je veux savoir, c'est pourquoi as-t-il fallut salir mon nom avec cette histoire de virginité pour m'avoir quand le club était à toi?

Will blanchit à en faire peur.

— Je n'avais rien à voir dans cette sale histoire. Steve a pris l'initiative et il a perdu son poste pour ça.
— Je crois que tu as besoin d'un autre verre.

Elle se leva et lui en servit un.

— Tu dois me croire Angel.
— Rico, c'est toi le club. Tu fais ce que tu veux et quand tu veux. Je ne sais pas pour l'instant si je dois te croire. Tu es un homme qui cache tout, alors je ne sais plus si tu dis ça pour me cacher autre chose.
— Non Angel, tu ne comprends pas. Steve a décidé de faire ça sans en parler avant. Il a perdu son emploi sur le champ.
— Pourquoi as-tu laissé aller pendant une semaine? Pour me prendre comme un trophée ensuite? Je ne comprends pas, mais cela m'a blessé quand j'ai vu que le club était à toi.

Il lui prit la main et la regarda dans les yeux.

— J'ai été très surpris que tu acceptes ça. Alors j'ai dû faire des recherches pour arriver à la conclusion que tu faisais ça pour l'argent pour pouvoir finir tes études.

Elle le regarda en cherchant un signe de vérité dans son regard. Elle était si déçue.

— Je te laisse les documents de mes recherches ainsi que trois USB qui ont été utilisés.
— Je ne savais pas que tu étais pirate informatique, c'est toi qui a fait les recherches?
— Non, je ne le suis pas. J'ai utilisé les services d'un pirate informatique.
— Maintenant elle sait tout.
— Imagine quand j'ai découvert qu'elle était membre dans ton club.
— J'ai maintenant trois bonnes raisons de me lever demain.

Elle le regarda avec un regard d'amour, elle l'aimait tant.

— Oui. Je dois y aller maintenant.
— Où vas-tu mon ange?
— ''Il m'appelle toujours mon ange, ça me fait si chaud au coeur ces deux petits mots d'amour.'' À mon hôtel.
— Tu n'es pas descendu dans un hôtel.
— Un autre point pour moi chéri.
— Mais…ce n'est pas vrai, tu es vraiment dans un hôtel?

Elle prit sa main et l'entraîna sur la terrasse.

— Regarde tu peux le voir d'ici et j'ai une vue sur ton immeuble.

Elle se dirigea ensuite vers l'ascenseur, mais il la rattrapa et la serra dans ses bras.

— Ne pars pas. Je veux encore discuter avec toi.

L'ascenseur s'ouvrit sur Ricardo. Will et Angel le regardèrent sans un mot.

— Ah Angel! Oh! Je crois que je vais venir juste demain.

Il fit sourire Angel.

— Tu es si jolie quand tu souris. Donne-moi une chance Angel s'il vous plaît. Viens t'asseoir que nous discutions encore.

Il mit sa main au bas de son dos. Ceci fit réagir le bas du ventre d'Angel immédiatement et enflamma son corps tout entier.

— Tu veux un autre verre?
— Oui, je veux bien.

Elle s'installa sur le canapé, enleva ses souliers et ramena ses pieds vers elle. Il vint s'asseoir près d'elle. Il lui prit la main. Elle décida de devancer ses trucs de séductions pour qu'il réalise qu'elle comprenait ce qu'il était sur le point de faire. Elle laissa tourner son pouce sur le dessus de sa main. Il lui lâcha la main immédiatement, elle l'avait irrité. Elle sourit.

— Pourquoi es-tu partie?
— Tu me cachais beaucoup trop de choses.
— C'est vrai. Je pouvais me le permettre et je l'ai fait, car ma vie est personnelle. Mais Angel, j'ai réalisé après ton départ que je ne voulais plus de tout ça, que c'est toi que je veux.
— Pour combien de temps Will? Tu me laisses discuter seule, la conversation est vraiment à sens unique. Tu es habitué à cette vie de sexe que tu as maintenant. Un jour ou l'autre, tu voudras y retourner et tu as toujours le club où tu peux en découvrir une autre comme moi, un petit ange.

Il la prit par les épaules.

— Non, ce nom t'appartient à toi seule et tu es la seule qui a éveillé l'amour en moi. Je n'avais jamais aimé comme cela avant, et tout l'argent du monde ne peut acheter l'amour. Mon petit ange s'il vous plaît, donne-nous une autre chance.
— Will, si nous recommençons, nous devons établir toutes nos limites sexuelles ou plutôt, les miennes puisque toi tu ne sembles pas en avoir. Alors, faire l'amour nous deux seuls doit être la première chose qui est acceptable pour ma part?
— Oui naturellement, je m'y attendais. C'est les fois où j'ai vraiment senti que tu m'aimais quand nous étions seuls.

Il la prit dans ses bras, il n'en pouvait plus, il devait la sentir accrochée à lui. Il la serra fort contre lui.

— Ah! Mon ange, je t'aime. Tu es la mienne, à moi seule.
— Je vois que ton corps réagit en ce sens.
— Oui, c'est chaque fois que je te vois. Alors, depuis que tu es partie, c'est la première fois et … elle est un peu douloureuse à cause de toi. Elle veut contrôler mon esprit tu vois. C'est l'effet que tu me fais. Tu es la seule femme avec qui je ne peux me contrôler.

Elle lui sourit.

— Oui, je vois ça.
— Moi, je vois que ton corps aussi réagit.
— Juste pour toi Will, juste pour toi. Que dirais-tu de m'inviter pour la nuit?

C'est ce qu'il espérait entendre et elle, elle n'en pouvait plus. Il la regarda et lui sourit. Il lui prit la figure entre les mains et l'embrassa tendrement.

— Mon petit ange, je ne t'invite pas pour la nuit…

Angel se raidit dans ses bras. Elle avait la sensation que son coeur était sur le point d'arrêter de battre.

— Je t'invite pour la vie mon ange, pour la vie mon amour. Maintenant, j'en suis sure.

— Je t'aime, mais n'oublie pas que demain nous devons encore discuter pour qu'il n'y est plus de secret entre nous Will.
— Promis. Mais pour l'instant je ne peux plus penser, je te veux…je veux être en toi, toute la nuit.

Il l'embrassa farouchement et il lui semblait que son corps brûlait juste au toucher tellement il la voulait.

— ''J'espère qu'il puisse faire les concessions qu'il dit et que je puisse le garder.''

Il la prit dans ses bras, elle s'accrocha à lui en enroulant ses jambes autour de sa taille. Il la déposa sur le lit et entreprit de la dévêtir en douceur. Angel vit une petite larme sur la joue de Will et cela lui brisa le coeur. Elle l'embrassa et l'aimait encore plus.

— Je veux te faire l'amour toute la nuit et je crois que je ne pourrai plus m'arrêter mon ange.
— Oui, c'est pareil pour moi…mais on pourrait commencer par rapidement, mon corps te réclame maintenant…maintenant Will.

Will ne pouvait que laisser de côté les pensées qu'il avait de lui faire l'amour doucement pour lui plaire, il n'en fit rien et acquiessa à sa demande. Ils se dévêtirent et il la pénétra sans autre préparation. Leurs deux corps étaient déjà enflammés, ils avaient soif l'un de l'autre.

— Oh Will! Oui c'est ce que je veux, toi mon amour.
— Mon petit ange, tu es à moi.

Ils firent l'amour une partie de la nuit. Elle s'endormit dans ses bras. En s'éveillant, c'était encore la nuit. Will ne dormait pas, elle l'embrassa et ils discutèrent encore un peu.

— Pourquoi te cachais-tu mon ange?
— Je n'avais pas l'intention de me cacher. Je savais que tu n'aurais pas accepté mon départ sans rien faire. Je devais être seule et ne pas être influencée…

Elle lui caressait le corps.

— À commencer par ce corps, je devais pouvoir réfléchir sans lui.

Il sourit.

— Hé voilà que tu as trop réfléchi. Tu as trouvé que le club m'appartenait.
— ''Le club! Il ne veut toujours pas me dire toute la vérité''.

Il sentit qu'elle s'était raidie.

— J'ai dit quelque chose qu'il ne fallait pas?
— ''Tu n'en as pas assez dit plutôt''. Non, c'est un début disont. Mais oui, comme tu dis, j'ai trouvé plein de choses, beaucoup plus que ce que je t'ai dit. Je n'arrivais pas à croire que pour un homme comme toi, ce soit si facile à trouver.

— Ce ne le saura plus. J'ai engagé d'autres personnels.
— Peut-être est-il trop tard pour cela.

Will la regarda.

— Que veux-tu dire Angel?
— Je ne dois pas être la seule à savoir tous tes secrets.

Will se leva, elle l'énervait c'est sure.

— Tu veux un café ou un jus de fruits?
— Hum, je vais avec toi. Je vais regarder ce que tu as au réfrigérateur.
— Tu as faim?
— Oui, très faim.

Will regarda l'heure, il était 4h30 de la nuit.

— Nous pouvons commander si tu veux, je n'ai rien dans le réfrégateur.
— Allons regarder, j'ai juste besoin d'un petit quelque chose à me mettre sous la dent.

Quand elle ouvrit le réfrigérateur, elle partit à rire. Will s'avança vers elle avec un sourire.

— Je sais, il n'y a rien. Je te l'avais dit.
— Regarde, Ricardo est passé. Il nous a fait une assiette. Il est un ange.

— Ah non! Il n'y a qu'un ange ici et c'est toi. Il est prévoyant lui, c'est tout. Tu veux du champagne avec moi.
— Pourquoi du champagne, crois-tu que nous en sommes à fêter?

Il regarda Angel avec un doux sourire incertain. Elle mit sa tête sur son épaule.

— ''Mais oui, parce qu'il croit que nous sommes revenus ensemble.'' Je crois que nous nous aimons, ça, j'en suis certaine Will. C'est notre destinée. Mais nous allons devoir trouver un moyen de nous faire confiance, car nous allons nous détruire sinon. C'est ce qui me fait peur Will. Tu ne m'aimes pas de la même manière que moi je t'aime. La confiance fait partie de mon amour, si je ne peux avoir ta confiance, je ne pourrais pas t'aimer, car cela me blessera trop.

Il l'embrassa. Angel lui envoyait des signes pour qu'il réagisse et comprenne qu'elle en savait plus que ce qu'elle lui avait dit, mais il ne réagissait toujours pas.

— J'aime que tu parles comme cela et non de partir. Tu coules dans mes veines Angel. Je ne peux plus me passer de toi pour survivre.

Il prit la bouteille de champagne avec deux flûtes à champagne et Angel prit l'assiette que Ricardo leur avait faite. Ils retournèrent manger au lit.

— Angel, je vais tout te dire. À propos du club, j'en ai dans tous les grandes villes de l'Amérique.
— Enfin! Quel soulagement que tu avoues! C'est un bon début.

Il lui sourit et la prit dans ses bras.

— Tu avais trouvé ça dans tes recherches?

— Oui, vingt-deux clubs c'est quelque chose hein?

Il la regarda d'un air surpris et ensuite ses épaules s'affaissèrent.

— Ma mère disait toujours que quand on cherche, on trouve. Je me le suis prouvé.
— Elle avait raison dans ton cas.
— Tu sais ce qu'on dit de toi? Que tu es l'homme le plus riche de la planète.
— Oui, je sais. Nous n'avons jamais fait de grandes sorties en public, je vais le faire maintenant et tu verras comme les journalistes peuvent être arrogants. Mais après, il te sera difficile de sortir d'ici seule.
— Je m'en fou de ça…je veux être avec toi c'est tout.
— Moi aussi mon ange. Je suis multimilliardaire, je peux avoir tout ce que je veux, quand je veux et comme je le veux, mais je vie modestement pour mes moyens. Mais sans toi Angel, je suis perdu, c'est comme un tout autre monde que je redécouvre avec toi.

— Alors nous sommes deux. Nous allons le découvrir ensemble, car ces derniers jours ont été l'enfer pour moi.

Il l'embrassa et la serra dans ses bras. Il lui fit l'amour et s'endormirent enlacés. Elle s'éveilla seule. Elle pouvait sentir le café. Ses yeux tombèrent sur son poignet.

— ''Il m'a remis mon bracelet''.

Elle le caressa du doigt. Elle vit que la carte pour monter à l'appartement était près de sa main aussi. Elle caressa la carte du bout des doigts. En était-elle déjà revenue là? Son coeur avait décidé pour elle. Will entra avec deux cafés.

— ''Oui, j'en suis là. Je suis prisonnière de cet amour''.
— Bonjour mon ange.
— Bonjour l'ange gardien de mon coeur.

Il lui sourit, déposa les cafés et l'embrassa. Elle l'attira et l'enflamma en un rien de temps. Il lui fit l'amour jusqu'à ce qu'elle jouit pour lui deux fois avant de la posséder.

— Tu es insatiable, je dois réchauffer les cafés maintenant.
— Nous allons aller ensemble, nous avons encore à discuter.
— Oui, nous allons éliminer ce stress d'entre nous. Ça va si nous nous installons sur la terrasse? Je vais appeler Ricardo pour qu'il nous prépare un petit quelque chose à manger.

— Ce serait parfait, mais j'ai besoin d'une douche avant.

Après avoir appelé Ricardo, Angel entraîna Will dans la douche avec elle.

Quand ils arrivèrent sur la terrasse. Ricardo s'affairait à mettre la table. Il leur sourit. Angel s'avança et lui fit une accolade.

— Je suis contente de te revoir. Tu ne m'en veux pas trop?

Il la serra fort dans ses bras.

— Moi aussi je suis content de te revoir petite détective.
— Alors tu sais tout?
— Oui Angel.
— Nous avons parlé ce matin et Ricardo va s'occuper de certaines choses immédiatement. Des choses qui doivent rester cachées. C'est impossible pour moi de le faire ce matin, j'ai une bien meilleure occupation.

Ils partirent à rire et Ricardo les laissa seuls.

— Je crois que tu lui as fait très plaisir.
— Oui, je l'aime bien. Mais ne t'en fait pas mon coeur est déjà pris.
— Par où commençons-nous mon ange?
— Je crois que ce serait à moi de commencer.

La peur de faire un faux pas était palpable entre eux. Il lui prit la main en signe d'encouragement.

— Je crois que je vais commencer par te dire ce que j'ai moins aimé.

Il fit signe de la tête tout en gardant les yeux baissés sur son déjeuner.

— J'ai des problèmes à me faire toucher ou à toucher une femme.
— Je sais.
— Je n'aime pas qu'elle te touche non plus et que tu les touches.
— Hum, hum.
— Je n'aime pas partager à grande échelle. Par contre, j'aime voir les autres couples homosexuel ou hétéro faire l'amour et Ricardo dans notre vie ne me dérange pas, mais toujours en restant à sa place. Ce qu'il a toujours fait.

Will avala difficilement son déjeuner. Il leva les yeux et lui reprit la main.

— J'aime être soumise à Rico, mais d'une différente façon que toi tu aimerais. J'aime Will et j'aime Rico.

Will avait les yeux mouillés après ces derniers mots. Il avait toujours eu des problèmes depuis qu'il vivait deux vies parallèles et elle lui disait qu'elle l'aimait comme il était, qu'elle aimait ses deux personnalités.

— J'aime avoir la fessée et j'aime quand tu m'attaches... j'aime être sodomisé. J'aimerais en découvrir plus de ce monde de la soumission, sans qu'il me soit imposé en dehors de nous deux.
— Ne part pas la prochaine fois que tu n'aimeras pas quelque chose.
— Oui, mais j'avais besoin de faire le tri dans ce que j'aimais et ce que je n'aimais pas. Je ne me comprenais plus. Aussi, je ne me sens pas bien quand je dis que je n'aime pas quelque chose, car je vois très bien à quel point cela te déçoit.
— Je comprends. J'ai changé ton monde dramatiquement hein?

Il l'attira sur ses genoux.

— Pour ce qui est des secrets, c'est une chose que je déteste Will. Je ne veux pas partager ton argent à l'exception des tenus élégante et extrêmement dispendieuse.
— Alors je vais devoir te faire beaucoup de cadeaux.
— Non, juste ceux qui seront nécessaires.

Elle leva les yeux au ciel.

— J'ai bien trop peur de te répondre oui.
— Ah! Ah! Ah! C'est tout?
— Oui, mais à toi maintenant. Ensuite nous discuterons pour arriver à des compromis pour nos différents sur certains points.
— Bien, je dois avouer que j'ai toujours aimé voir deux femmes se toucher, c'est un de mes points faibles.

— Je ne suis pas surprise. J'ai déjà fait une recherchée sur ce sujet et y paraît que tous les hommes ont le même point faible que toi. Peut-être un jour, mais pas maintenant. Mais…moi aussi j'ai un fantasme, c'est celui de voir deux hommes ensemble.
— Je crois que je t'ai fait gravir les échelons un peu trop vite. Nous reparlerons de cela plus tard comme tu dis.
— Je ne suis pas d'accord, le problème est que tu ne discutais pas, tu fais à ta tête sans penser à moi. Tu imposes tout. Mais je suis ouverte à essayer du nouveau, mais peut-être…je ne sais pas.
— L'important c'est que tu es ouverte, mais nous allons en discuter plus tard.
— Oui. Autre chose?
— Non, tu es parfait à part ça.

Elle le regardait intensément, elle devait ramener la discussion sur ses affaires professionnelles.

— Alors, je voulais te dire que ce sont tous les secrets qui m'ont poussé à partir avant tout et aussi de me lancer dans des aventures sans que j'aie eu le temps de me préparer.
— ''Je ne peux pas tout lui dire, je dois garder certains partenariats secrets pour l'instant. Elle est trop fragile pour comprendre et je ne peux pas risquer de la perdre encore.''
— ''Merde! Il n'ajoute rien. Je vais lui donner quelques semaines''.
— Rico, je t'avais fait un cadeau qui a été livré sur le bateau. Tu l'as trouvé?
— Non, qu'est-ce que c'est?

MON ANGE GARDIEN D'AMOUR

— Je ne peux pas te le dire, je veux te voir quand tu seras en face de ce meuble. Tu vas l'aimer et moi aussi.

Elle eut un sourire sensuel pour lui. Il la serra dans ses bras.

— Alors mon ange, tu vas me laisser comme ça, sans rien me dire. Je sens que tu meurs d'envie de me le dire.

Elle lui sourit à nouveau.

— Tu vas devoir attendre que nous retournions sur le bateau.

Il la regarda avec un air espiègle.

— Tu veux aller en bateau…maintenant?

Elle lui fît signe que oui avec un plus gros sourire.

— Je suis impatiente Rico.
— Ah toi! Tu sais que tu es la seule à me surprendre et à me faire des cadeaux aussi.

Il appela Ricardo pour qu'il prépare le bateau. Il regarda Angel et lui demanda.

— Lequel de mes bateaux?
— Le moine.
— Hein!

— Ah! Ah! Ah! Tu devrais voir la tête que tu me fais. Le Fouet.
— Ah! Je ne crois pas que je nommerais un de mes bateaux Le moine.

Ricardo était en ligne et attendait que Will lui donne le nom du bateau.

— Quoi, elle te prend pour un moine maintenant?
— Non, laisse tomber. Prépare Le Fouet.
— Ah!
— Quoi Ah?
— Tu vas bien t'amuser.
— Tu sais?
— Oui. Désolé, j'ai un bateau à préparer.

Ricardo coupa la communication et Angel lui souriait.

— Les noms de tes bateaux sont tous reliés au sexe. Comment ai-je pu manquer ça?

Il riait.

— Je peux dire que tu as quand même l'oeil Angel. Je crois que je viens de comprendre pourquoi je t'aime ou certainement une part de ce pour quoi…tu es naturelle avec moi, tu es simple et tu nous mets tous les deux à égalité. J'adore ça. Mais ne le dis à personne, car tu es la seule que j'aime avoir à mon égalité.
— Hum, je te prends vraiment pour mon égal.
— Allons-y, je suis impatient.

MON ANGE GARDIEN D'AMOUR

Arrivée sur le bateau, Will n'en pouvait plus d'attendre. Il la prit dans ses bras et l'embrassa dans le cou et lui suça le lobe de l'oreille. Il lui chuchota à l'oreille.

— Je peux l'avoir maintenant.
— Tu es pire qu'un bébé.
— S'il vous plaît mon ange. Je ne me rappelle pas avoir jamais attendu pour un cadeau.
— Justement tu dois apprendre à attendre. On prend un verre avant.

Will alla leur servir un verre.

— Pourquoi m'as-tu fait un cadeau?
— Parce que je t'aime Rico et quand j'ai vu ce meuble, j'ai tout de suite pensé à nous deux.
— Un meuble!

Elle pouvait lire sa surprise dans sa figure. Il s'approcha d'elle et l'embrassa tendrement.

— Alors, c'est pour nous deux. Tu crois que je peux l'avoir maintenant?
— J'aurais eu envie que tu cherches un peu pour le trouver. Bon, très bien, viens que je te le montre.

Elle lui prit la main et courut vers la chambre. Elle ouvrit la porte du garde-robe.

— Il est tout au fond, sous la couverture.

Il le sortit et le mit au milieu de la chambre. Il était confu.

— C'est pour mettre le linge ça mon ange.
— Non Rico, ça semble être cela mais viens je vais te montrer.

Il la regarda attentivement.

— C'est vrai que comme cela, ça sert à mettre ton linge pour la nuit pour ne pas le froisser…mais si tu appuies sur ce bouton…

Elle lui sourit.

— Ce n'est pas tout, après avoir abaissé cette partie où la personne peut s'y appuyer…Hé! Tu m'écoutes toujours là?
— Oui, je ne manque pas un mot de ce que tu dis, j'imagine en même temps que c'est ton corps qui y est appuyé.
— Je le savais. Alors, après il y a un autre bouton ici et celui-là va faire écarter les jambes de la personne qui y est attachée.
— Merveilleux.
— Il y a autre chose, regarde. Les petits anneaux à l'arrière et à l'avant. Des lanières pour l'attachement se trouvent dans le pied ici.

Elle l'ouvrit et y sortit quatre lanières.

MON ANGE GARDIEN D'AMOUR

— Wouaw! Moi qui croyais tout avoir. Merci mon ange. Ce sera notre jouet préféré.
— Oh! J'ai oublié de te montrer. Il y a un compartiment que tu peux lever ici pour y glisser les fouets.
— L'homme qui a pensé à ça est un génie.
— C'est peut-être une femme.
— Oui, possible mademoiselle.

Il la prit et l'embrassa.

— Merci mon ange. Tu es merveilleuse.
— Alors Rico, ai-je été assez mauvaise fille?
— Je n'utilise pas le fouet parce que tu es une mauvaise fille, je l'utilise pour ton plaisir.

Il l'attira plus près de lui en appuyant avec sa main sur le bas de son basin pour qu'elle sente son érection.

— Je vais nous servir un verre pendant que tu te déshabilles. Tu te mettras à genoux devant le jouet pour boire ton verre. Je veux que tu t'imagines toi, sur ce jouet.

Il sortit de la chambre. Angel se dévêtit, elle se sentait bien déjà, car elle aimait ce meuble. Elle aimait lui faire plaisir et elle ne pouvait pas dire que cela ne lui donnait pas de plaisir aussi. Il revient quelques minutes plus tard avec une bouteille et deux verres. Il la servit.

— Alors mon ange, tu es prête à recevoir ta punition après ton verre?
— Oui Rico.

Rico alla s'asseoir près d'elle par terre, il ne pouvait passer plus de deux minutes sans la toucher. Ils dégustèrent leur verre en s'embrassant et Rico décida de se déshabiller lui aussi pour qu'elle puisse le voir bandé juste à regarder son nouveau cadeau et d'imaginer Angel appuyé dessus.

— Tu vois l'effet que cela me fait à t'imaginer installé sur ce jouet. C'est terrible comme je suis dure et je n'ai même pas commence. C'est comme ça que j'aime ton cadeau, encore merci mon ange. Tu es prête?
— Oui.

Il lui attacha délicatement les mains et les pieds.

— Est-ce que tu es confortable mon ange?
— Oui, très confortable.
— Angel, c'est un jeu, mais certains mots sont sacrés, tu te rappelles?
— Oui je me rappelle.
— N'oublie pas que si tu veux que j'arrête, tu me le dis.
— Oui Rico.

Il passa ses mains sur les fesses roses d'Angel.

— Tu sais que j'ai manqué tes petites fesses roses.
— Je sais Rico.

— Par ta faute. J'ai souffert, tu m'as fui.
— ''Quelle joie d'entendre son homme vous dire ça!''
— Combien de coups pour cela mon ange?

Elle hésita à répondre.

— Vingt Rico.
— Alors, je commence et toi, tu comtes les coups. Je crois qu'aujourd'hui je vais utiliser le fouet. Ça te va mon ange?
— Oui Rico.

Il écarta les jambes d'Angel avec le mécanisme et cela lui donna un merveilleux spectacle.

— Splendide mon ange. Tu es si belle.

Il frappa une fois.

— Tu comptes à haute voix mon ange.
— Quatre.

Il continuait comme cela tout en s'assurant de garder la même force de frappe. Pour la punir encore plus, car elle semblait beaucoup aimer le fouet, entre chaque coup, il caressait ses fesses doucement de sa main libre et s'assurait à chaque fois de toucher son anus.

— Vingt.
— Tu es si belle mon ange, sublime.

Le meuble était fait de façon à ce qu'Angel puisse appuyer sa tête sur une partie coussinée.

— Je crois que nous avons assez utilisé le fouet pour ce soir, par contre, j'aimerais quand même te garder là encore un peu. J'ai envie de te faire jouir de cette façon. Tu es d'accord mon ange?
— Oui Rico, fait-moi jouir.
— Nous allons lui donner un nom, le banc de l'amour.

Il alla se placer à l'avant d'elle.

— Regarde-moi mon ange.

Elle le regardait dans les yeux et ensuite suivit la main de Rico, il la descendait doucement jusqu'à son érection et la prit dans ses mains. Angel lécha ses lèvres.

— Regarde la terrible érection que ce jeu m'a donnée.
— Je peux te soulager Rico.
— Tu sais que je réalise qu'avec ce banc, tu tombes parfaitement à la bonne hauteur. Quelle merveille! Je vais détacher tes mains et tu pourras t'amuser et me soulager.

Angel fit glisser doucement son érection sur sa langue.

— Tu m'excites quand tu as du rouge à lèvre très rouge. Je vais te choisir un rouge à lèvres que n'utilisera que sur ce banc pour m'exciter.

Elle prit son érection dans sa main et caressa ses fesses avec son autre main et lui donna du plaisir. Elle le soulagea.

— Oh mon ange! J'adore ton cadeau et…j'adore ta…hum…ta bouche chérie.

Il n'avait pas l'intention de jouir avant elle, ce n'était pas son intention, mais ce banc, l'excitation que cela lui procurait faisait qu'il perdit momentanément le contrôle et se laissa aller aux douces caresses d'Angel. Il essaya de sortir de sa bouche, mais elle le retint et juste cela le fit jouir sans qu'il ne puisse réagir.

— J'ai joui avant toi, car tu l'as voulu, alors c'est toi sur ce point qui s'est puni.
— Je ne considère pas ça comme une punition Rico.

Il l'embrassa avant d'attacher ses mains à nouveau et alla se placer derrière elle.

— Ton tour mon ange et là je vais vraiment te remercier pour ton superbe cadeau.

Il la fit jouir en la caressant avec ses mains, ses baisers et sa langue. Après il entra en elle sauvagement pour se soulager à nouveau et il attendit qu'elle jouisse à deuxième fois pour la rejoindre dans son extase.

— Jouis avec moi mon ange.
— Oh Rico! n'arrête surtout pas.

Ensuite, il la détacha et la prit dans ses bras pour la déposer sur le lit.

— C'est le plus beau cadeau que personne ne m'a fait. Je veux vraiment savoir où tu as pu dégotter ce bijou.
— Nous irons ensemble. Je ne…Ah attends! J'ai le reçu de caisse dans ma bourse, il devrait y avoir l'adresse.
— Alors que dirais-tu si nous y allions tout de suite en bateau?
— Parfait. C'est dans la ville de Cambridge.
— Je peux avoir le reçu pour le donner à Ricardo et il va nous y amener.
— Tu sais Rico, je crois que ce serait un cadeau idéal pour lui, pour ses bons services. Quand penses-tu?
— Vraiment bonne idée mon ange. Ça fera différent. Je lui donne toujours un chèque.
— Ce sera plus personnel. Oh Rico!

Will la regarda en souriant.

— Qu'as-tu mon ange?
— Question d'argent…j'ai dépensé une certaine somme sur le dix mille dollars que tu avais versé sur mon compte bancaire. Par contre, avant que je décide de revenir habiter avec toi, j'ai transféré le reste sur ton compte.

Will la regarda surprit.

— Impossible! Tu ne peux pas avoir eu accès à mes comptes bancaires.
— C'est facile. Ce n'est même pas toi qui s'occupes de tes finances personnelles…alors, ils l'ont accepté. Ils ont probablement dû juste penser que c'était quelqu'un qui te devait de l'argent…c'est ce que j'ai ajouté à la description, pour service rendu.
— Mais comment peux-tu avoir défié toutes mes barrières toi? Je vais devoir avoir plusieurs réunions et surveiller mes choses de beaucoup plus près. Tu n'aurais pas dû faire ça mon ange, c'était ton argent et je n'en ai pas besoin…à moins que tu ajoutes que n'importe qui peut vider mon compte. Est-ce le cas?

Il avait soudainement perdu son sourire. Angel prit quelques secondes avant de lui répondre pour le faire mijoter un peu.

— Non Rico. Tu sais très bien que je ne suis pas ici pour une question d'argent non plus. Je ne te vends pas mon corps, je te l'offre par amour. Si jamais j'ai besoin d'argent, je sais que je pourrai t'en demander.
— Oui avec plaisir. Puis-je quand même te faire des cadeaux moi?

Elle arqua les sourcils.

— Hum. La question dangereuse. Tu peux m'en faire raisonnablement, je te l'ai déjà accordé ça.

Il lui sourit.

— Si je pouvais savoir ce que le mot raisonnable veut dire. Alors la voiture qui attend dans le garage est nécessaire et raisonnable.

Angel arrêta de respirer.

— Je…je ne sais pas conduire Rico.
— Non! Ça alors. On va donc ajouter un cours de conduite dans ce cas.

Ils rirent de cet incident.

— Maintenant je m'occupe de ton bain moussant. Tu l'as bien mérité.

Il alla la savonner et lui laver les cheveux. Ensuite, il l'épongea et lui demanda s'il pouvait choisir ses vêtements.

— Avec plaisir. J'ai hâte de voir ce que tu vas m'apporter.
— Ricardo m'a dit que nous serions à Cambridge dans l'après-midi et il fait très chaud.

Il lui choisit une jolie robe blanche avec des sous-vêtements de dentelle.

MON ANGE GARDIEN D'AMOUR

— Je te laisse choisir tes souliers, mais avant que tu passes tes vêtements, je dois te remettre de la crème sur ton joli petit derrière.

Elle aimait quand il prenait soin d'elle. Quelles femmes n'aimeraient pas se faire gâter comme cela? Il était si délicat avec elle. Malgré ses faiblesses, elle savait qu'il l'aimait vraiment.

Arrivée à la boutique, Will acheta un banc pour sa maison et un pour Ricardo. Ils choisir des sous-vêtements pour Angel et de nouvelles cordes faites de doux tissus.

— Nous ne retournons pas au bateau maintenant mon ange. Il fait très beau, nous allons manger ici sur la terrasse.

Ils s'installèrent et elle vit un homme les prendre en photo.

— Rico, on nous prend en photo.
— Ça va, moi je suis habitué.

L'homme s'approcha d'eux.

— C'est votre nouvelle conquête M. Cooper?
— Non, elle est beaucoup plus qu'une conquête, c'est ma conjointe.

L'homme s'enfuit à toute vitesse.

— Ces journalistes!

Après avoir pris leur repas, ils se dirigèrent vers la voiture où Ricardo les attendait.

— Marchons jusqu'au bateau Rico, la soirée est tellement belle.

Il renvoya Ricardo et marcha doucement vers le port.

— Je crois qu'il y a un problème, Ricardo revient.
— Allez venez. Nous avons de la visite au port.
— Les journalistes?
— Oui. Ils disent déjà que vous êtes mariés. Tu leur as parlé?

Ils partirent tous à rire.

— Tu n'es pas sérieux Ricardo?
— Hé oui! Je vais leur dire un mot si tu veux.
— Oui, dis-leur qu'Angel est ma conjointe, mais que nous ne sommes pas encore mariés.

Angel regarda Rico et lui sourit.

— Mais je suis ta femme d'une autre façon?
— Ma soumise mon ange. Mais on ne dit pas ça au journaliste.

Angel n'aimait pas ce qu'il venait de dire. Elle sentit qu'il ne la prenait que pour un jouet encore une fois. Elle savait bien qu'il l'aimait mais ne semblait pas savoir comment s'exprimer en ce sense. Ricardo regarda à l'arrière et se disait que son maître venait de faire encore une très grosse erreur.

– ''Mais quand va-t-il apprendre qu'elle n'aime pas ces termes.''
– Désolé, ce n'est pas ce que je voulais dire. ''Merde, je suis un imbécile!''.

Ils décidèrent de retourner à leur appartement où ils trouvèrent dix fois plus de journalistes. Angel était aveuglé par les flashs à travers la vitre de la voiture.

– N'arrête pas Ricardo, continu au garage. Nous verrons les journaux demain. Ils en ont eu assez. Maintenant, tout le monde va te reconnaitre mon ange.

Quelque chose dans cette phrase n'allait pas, il semblait avoir une certaine satisfaction qui sonnait faux à ses oreilles. Si elle partait à nouveau, il aurait beaucoup moins de problèmes à la retrouver et elle, plus de problèmes à refaire sa vie tranquille.

– ''Merde! Merde! Merde! Je déteste être la soumise. Il aurait pu me dire qu'il m'entretenait…c'est pareil''.

Avant de monter, Will entraîna Angel avec lui.

– Voilà ta voiture mon ange.

— ''Hé voilà!''. Décapotable et verte…Rico, c'est la même couleur que la robe que je portais la première fois que nous nous sommes vus.
— Oui. J'espérais que tu t'en souviendrais. Tu sais ce que j'ai fait aussi juste après notre rencontre ce soir-là?
— Non.
— J'ai fait apporter la robe ici. Je ne voulais la voir sur aucune autre que toi.
— Merci pour la voiture et la robe. La voiture est magnifique.

Elle le prit par le cou et lui chuchota à l'oreille.

— Je vais mettre cette robe pour toi ce soir.

Il l'embrassa avant de se rendre à l'ascenseur où il la colla au mur et lui leva la robe pour ensuite briser sa petite culotte et la caresser.

— J'ai bien hâte de te mettre tes nouveaux sous-vêtements. Ça m'a tellement excité de faire des achats avec toi.
— J'ai bien aimé que tu sois là…Ah!
— N'oublie pas. Tu jouiras juste quand je te le dirai maintenant.
— Oui Rico.

Il défit son pantalon et la retourna face contre le mur et stoppa l'ascenseur. Il la pénétra sauvagement.

— Maintenant mon ange. Laisse-toi aller, donne-moi tout.

Ils entrèrent dans l'appartement et Ricardo avait demandé que le souper soit prêt à leur arrive et servi sur la terrasse.

— Comment y fait ce gars?
— Je vois une différence depuis que nous avons Shean avec lui, je demandais trop à Ricardo.
— C'est bien qu'ils soient plus souvent ensemble.
— Oui. Je vois qu'il est plus heureux aussi.
— Je ne dois pas oublier de donner un coup de fil à Kelly.
— Tu voudrais que nous sortions en boîte tous les quatre?
— Oui Rico, j'adorais.
— Parfait.

Il lui fit un clin d'oeil.

— Ils seront heureux, car ils avaient peur d'être les responsables de ton départ du bateau.
— Non, c'était moi et seulement moi.
— Tu leur diras alors.
— Oui.
— Qu'est-ce que tu veux faire ce soir?
— Rien de spécial. Peut-être me reposer.
— Très bien. Dans ce cas, je vais en profiter pour travailler quelques heures.

Angel prit une douche et décida de regarder la télévision. Le problème c'est qu'elle n'en trouvait aucune dans l'appartement. Ricardo arrivait comme elle avait un air ébahi.

— T'as un problème?
— Oui. Rico n'a pas de téléviseur nulle part dans la maison.
— Non. Quand il veut regarder quelque chose, il le fait sur l'ordinateur et je n'ai pas besoin d'ajouter que ce doit être important. Mais si cela peut t'aider, Shean et moi étions sur le point de regarder un film. Tu peux descendre si tu veux.

Elle lui sourit.

— Vous avez le popcorn aussi?
— Ah! Ah! Ah! Oui le popcorn aussi.
— Je ne veux pas déranger Rico, alors je vais lui laisser une note.
— Hum, les papiers et crayons sont tous dans son bureau.
— Bon, comment vais-je faire?
— Envoie-lui un texte.
— Oui, bonne idée.

Ricardo l'amena à son appartement. Shean était content de la voir arriver avec lui.

— Quelle belle surprise.
— Je viens regarder le film avec vous. Quel film écoutez-vous?
— C'est un classique, Love Story.

MON ANGE GARDIEN D'AMOUR

— Jamais vu.
— Tu verras, c'est très touchant.

Vers la fin du film, tous les trois avaient les larmes aux yeux. Will entra pour les rejoindre. Il se positionna derrière le canapé et embrassa Angel sur la tête. Il regarda le film quelques minutes puis s'aperçu que les trois pleuraient.

— Non! Je ne le crois pas, mais vous pleurez tous ou je me trompe?
— Mais chéri, c'est très émouvant ce film.

En même temps qu'elle disait cela, les deux hommes faisaient signe que non et s'essuyaient discrètement les yeux. Will regarda Ricardo et il partit à rire.

— Mon ange, s'ils te font pleurer, je t'installe un téléviseur demain.

Ils partirent à rire.

— Viens. Je te promets aussi plein de popcorn.

Angel se demandait pourquoi Will aimait tant lui faire plaisir et l'accommoder sur tous les plans, mais il s'abtinait à l'appeler sa soumise. Elle devait comprendre cela. Ça l'avait tellement blessé aujourd'hui. Elle décida de se donner le temps de bien comprendre avant de réagir.

Elle remercia les gars pour leur hospitalité.

— Tu as travaillé fort. Tu as l'air fatigué. Tu veux un bain?
— Non. Je veux seulement m'allonger avec toi mon ange. Viens.

Le lendemain, ils avaient rendez-vous avec Dylan et Kelly. Tout se passa sans incident. Elles discutèrent de leur retour à l'université. Angel en architecture et Kelly en technique infirmière spécialisée. Angel avait mis le linge que Will avait choisi pour elle.

— Tu es belle dans cette jupe mon ange.
— Merci. J'aime bien quand je te plais.

Il se pencha vers elle.

— Montre-moi comme tu m'aimes mon ange. Il leva la vitre entre Ricardo et eux. Elle s'agenouilla et lui démontra tout son amour en le caressant avec ses mains puis sa bouche.

Arrivée à l'appartement, Ricardo cherchait Shean. Il le trouva dans la douche, il se glissa derrière lui.

— Salut.
— Salut. Hum, tu arrives encore avec une érection.
— Je sais, mais Will et Angel vont me faire mourir. Ils sont si beaux ensemble.
— Oui et nous aussi.

MON ANGE GARDIEN D'AMOUR

Kelly n'osait pas appeler Angel, elle se demandait si Angel la considérerait encore comme son amie juste pour obéir à Will ou elle était sincère le jour avant. Trois jours plus tard, Angel l'appelait pour l'inviter à une journée de magasinage.

— Hé Kelly! tu es partante pour une journée de magasinage?
— Certainement.
— Super. Je ne peux pas aujourd'hui, car j'ai commencé mes cours de conduite automobile, mais je serais libre demain.
— Parfait pour moi aussi demain. Je passe te prendre.
— À qui parlais-tu mon ange?
— À Kelly. Après m'avoir dit que tu travaillais demain, j'ai décidé d'aller faire les magasins avant de recommencer mes cours à l'université.
— L'université! J'avais presque oublié.
— Hé oui chéri. Une année seulement.
— Ce sera dur pour nous.
— Pourquoi?
— Je ne pourrai pas t'avoir quand je le veux.
— C'est seulement une année et puis ensuite, ce sera pire quand j'aurai un travail. J'aurai des responsabilités.

Will arqua les sourcils.

— Pourquoi travailler mon ange? Tu sembles oublier que je suis multimilliardaire.

Elle regarda Will soucieuse.

— Mais Will, tu travailles toi.
— Oui, je m'occupe de certaines choses moi-même. Mais je fais ce que je veux, quand je le veux.
— Je vais travailler. Je ne peux pas rester ici à ne rien faire. Quand tu as fini tes cours, tu as commencé à travailler dans ton entreprise. C'est pareil pour moi.
— Viens te coucher, nous reprendrons cette discussion plus tard.

Ils ne firent pas l'amour cette nuit-là. C'était bien la première fois aussi qu'il ne la collait pas sur lui pour dormir. Angel ne s'endormit qu'au matin. Elle savait qu'il était contrarié parce qu'elle retournait à l'université ou qu'elle était ferme quand elle disait vouloir travailler ensuite.

Le problème est qu'Angel voulait avoir un travail, se sentir valorisé. Elle avait travaillé déjà si dur pour arriver où elle était. C'était elle qui avait payé ses études. Elle avait aussi peur qu'il lui arrive la même chose qu'à sa mère, n'avoir plus rien s'il arrivait quelque chose à Will. Sa mère lui avait répété si souvent de ne pas faire la même erreur qu'elle.

Angel était maintenant convaincu que même le fait qu'elle retourne à l'université l'agaçait.

Kelly passa la chercher pour la journée de magasinage. Elles se rendirent dans un petit café pour le dîner.

— Kelly, tu es prête pour le grand jour? Notre dernière année. C'est excitant.
— Angel.

Kelly semblait inquiète.

— Oui. Qu'est-ce qu'il y a?
— Je ne retournerai pas.
— Quoi! Tu...tu...
— Oui c'est ça. Je ne retourne plus à l'université.
— Tu ne vas pas terminer et il ne reste qu'une année. C'est dingue ça Kelly.
— Je suis très bien avec Dylan et il m'offre la vie que je voulais. Ma décision est prise.
— Bien, si tu le prends comme cela.

Elle dut commencer sa session scolaire sans sa meilleure amie.

— Bonsoir mon ange. Ta journée a été longue.
— Oui. Bonsoir Rico. Les premières journées sont toujours les plus longues.
— Ricardo se demandait quelle heure tu entrais pour préparer le repas. Tu l'aviseras de tes heures.
— Rico, cela peut changer à n'importe quel moment. Je ne suis pas fixé sur mes heures. Souvent je reste pour faire des études, des recherches ou autre. Tu sais très bien, je fais exactement les mêmes cours que tu as faites il n'y a pas si longtemps.

Elle était au bar à se servir un vers. Elle sentait qu'elle en aurait besoin. Will l'ignorait en un sens, car il ne la regardait pas. Elle l'avait embrassé en entrant, mais la réponse à ce baiser était froide.

— Will, ne joue pas à ce jeu-là avec moi.
— Ah! Je suis redevenu Will maintenant?
— Oui, quand tu ne joues pas honnêtement avec moi.
— Bon, je voulais t'aviser que samedi nous avons une soirée et cela se fait au club.
— Au club?
— Oui, dans la salle de banquet et Ricardo assistera aussi, car il en est le président.

Le samedi arriva et Will tenait toujours un peu ses distances.

— J'ai choisi ce que tu dois mettre pour ce soir mon ange.
— Merci Rico.

Dylan avait avisé Kelly qu'elle ne devait pas laisser Angel seule de la soirée si eux les hommes avaient à se déplacer sans les femmes. Les deux couples étaient arrivés depuis un moment, Will et Dylan partirent de leur côté et laissèrent Kelly et Angel seules. Ricardo pour sa part, se promenait de groupe en groupe.

— Tu viens Angel, je dois aller à la salle de bain.
— Non, je t'attends ici.
— Bien.

Kelly ne pouvait se permettre d'attendre, alors elle se dit qu'il n'y avait pas de problème pour quelques minutes.

Angel regardait Ricardo déambuler dans la salle et elle admirait le bracelet sur son bras qui était entre son épaule et son coudre. Il avait exactement les mêmes signes que sur le collier que Will lui avait donnés avant la réception.

— Bonjour.
— Bonjour.
— Vous êtes avec Rico?
— Oui c'est mon conjoint.

La femme la regarda dans les yeux et baissa légèrement la tête pour regarder son collier.

— Votre conjoint? Hum, ici ma belle il n'y a que des maîtres et leurs soumises. Il n'y est pas question de conjoint.
— Pardon?
— Cet événement est justement pour les maîtres membres de ce club et leur soumise, certain ici on même plus d'une personne soumit à eux.
— ''Elle a bien dit leurs maîtres, j'ai mal compris. Merde! Il m'a bien eu. Une soumise, c'est tout ce que je suis pour lui et c'est tout ce que je serai toujours''. Désolé, je dois me rendre à la salle de bain. ''Le bracelet de Ricardo, je dois le voir de plus près, je sais que Ricardo est soumis à Rico, mais…oh non!''

Angel ne parlait pas beaucoup de la soirée. Elle avait bien vu que le bracelet de Ricardo avait les mêmes signes que sur son collier. Kelly savait qu'il y avait quelque chose qui n'allait pas. Elle prit Dylan seul et l'informa. Dylan prit son téléphone portable immédiatement et envoya un texte à Will. Aussitôt que Dylan lâcha son téléphone portable, celui de Will sonna. Angel avait compris que tous ses faits et gestes étaient toujours épiés.

— Tu veux partir mon ange?
— Oui.

Angel attendit d'être à l'appartement pour parler à Will. Elle prit place sur le canapé et enleva son collier qu'elle lui tendit.

— Je ne veux plus jamais revoir ce collier. Je voudrais que nous parlions Will.
— Ah! Encore revenu à Will. De quoi veux-tu me parler?
— De cette soirée. C'était une soirée de personnes soumises avec leur maître. Tu aurais pu m'aviser.
— Pourquoi, cela ne change rien.
— Oui cela change quelque chose pour moi. Cela signifie que je ne vis pas avec toi, mais sous tes ordres.

Will la regarda sévèrement.

— Angel, ne me refait pas le coup de repartir, car je ne te reprendrai jamais.

Elle baissa la tête, ses yeux s'emplirent d'eau. Elle décida de les refouler et de relever la tête. C'était elle ça de ne pas se laisser dicter sa vie.

— Will, nous allons devoir discuter et pour savoir si notre couple peut survivre.

Le silence était troublant.

— Will, je ne suis pas Kelly et je ne le saurai jamais. Kelly est une amie très chère à moi, mais je la trouve sans trop grande ambition. Elle n'est pas forte de caractère et elle est très facilement maniable.
— Je sais que tu n'es pas Kelly.

Ricardo arriva et il le chassa.

— Ce que je veux te dire est que si j'accepte et que j'aime la soumission avec toi, cela ne veut en rien dire que je vais mettre ma vie de côté et que je vais t'écouter à la lettre. Je suis une personne qui se respecte, je te respecte et j'ai droit au respect en retour. Je ne veux pas être ta soumise, mais ta petite amie, ta conjointe, mais pas un objet. Je ne mettrai pas ma vie complète entre les mains de personne.
— Pourtant je peux tout t'offrir. Tu ne manquerais jamais de rien.
— ''Tant que je suis ta soumise oui…et après''. Ce n'est pas ça Will. J'ai besoin de me sentir quelqu'un. Si je ne suis qu'une soumise, alors pour moi je ne suis qu'une ratée. Je

veux être responsable tu comprends, je veux gagner mon argent.
— Je t'ai offert de l'argent et tu n'en as pas voulu.
— Oui, c'est vrai Will, mais si je prends pour exemple Kelly. Dylan la fiancée, mais il ne lui a jamais reparlé de mariage. Pourtant ce soir-là, il avait bien dit que ce serait un mariage rapide. Au bout de trois mois, il a dit à Kelly, un autre trois mois et encore et encore.
— Elle te dit tout où quoi?
— Nous sommes des femmes et depuis des siècles, les femmes parlent entres-elles.
— Quel rapport avec nous?
— Si Dylan décide qu'il ne veut plus être avec elle, elle sera seule et fauchée.
— Dylan lui laissera de l'argent, nous ne sommes pas des ogres.
— J'ai des rêves Will.
— Quels sont tes rêves, je peux les réaliser?
— De finir mes études et devenir l'une des meilleures architectes.

Will devint sarcastique. Il en avait assez de cette discussion.

— Rien de plus hein.
— Je serai cette architecte d'une façon ou d'une autre. Dans cette ville ou dans une autre. Will, as-tu fait des cours d'architecture par choix ou parce que tu voulais reprendre la firme de ton père?
— Par choix. J'adore ce métier.

— Alors, où en sommes-nous après cette discussion Will. Que veux-tu de moi exactement?

Il se leva, remplit son verre à nouveau et alla à la fenêtre.

— Je ne le sais plus. J'aimerais trouver une solution.
— Une solution?
— Oui. Par exemple, que tu n'es pas à faire ta dernière année en classe. Tu pourrais le faire dans mes bureaux, près de moi.
— Tu es trop possessif là. Tu dois comprendre une chose. J'aime la soumission, mais en dehors du sexe, pouvons-nous être un vrai couple Rico?

Il lui sourit. Elle l'avait appelé à nouveau Rico. Elle lisait trop bien en lui. C'est ce qu'il aimait d'elle, elle prenait le temps de comprendre ses sentiments. Il avait de l'importance pour elle, il le savait, mais elle n'était pas une femme comme les autres soumises qui n'avait aucune opinion, aucune vie vraiment. Elles étaient des femmes entretenues et c'est tout. Angel, elle avait du caractère au moins. Il ne lui répondait pourtant pas.

— Pourquoi ne m'as-tu pas offert ça avant?
— Je ne sais pas.
— Oui Rico, tu le sais très bien. Tu voulais que je laisse tomber mes études comme Kelly. C'est regrettable.
— Mais je te l'offre maintenant.
— Je vais prendre un bain. Je ne peux plus penser. J'ai mal à la tête. Tu as quelque chose que je peux prendre ici?
— Je demande à Ricardo de t'en apporter.

Elle mit une musique très douce dans la salle de bain et alluma quelques chandelles. Ricardo frappa à la porte.

— J'ai tes cachets Angel.
— ''Rico ne me les a pas apportés lui-même. Non, c'est pas vrai, il me boude encore''. Si Rico ne peut pas me les apporter, alors laisse-les sur ma table de nuit.

Elle n'entendit plus rien.

— Rico. Elle ne veut pas que j'entre pour les cachets. Elle veut que ce soit toi qui lui apportes.
— Elle n'a pas à me dire quoi faire.
— Rico, je peux te parler en ami?

Il fit signe que oui.

— Tu l'aimes Rico. Tu m'as dit l'aimer parce qu'elle est différente. Aimes-tu vraiment sa différence où tu préfères retourner aux autres modèles?
— Je ne sais plus Ricardo. Je ne sais plus.
— En voulant que ce soit toi qui lui apportes les cachets, c'est qu'elle t'envoie un message, elle te tend une perche. Prends cette perche si tu l'aimes.

Ricardo disparut.

Rico se dirigea vers la chambre. Il vit les cachets et le verre d'eau sur sa table de chevet. Ils les prient et alla ouvrit doucement la porte de la salle de bain. Angel ne l'avait pas entendu. Il la regarda, elle avait vraiment l'air d'un ange dans cette ambiance. Il se dévêtit et entra dans la baignoire derrière elle. Elle se laissa aller sur son corps musclé qui la protégeait si bien.

— Laisse-toi aller mon ange.
— Oui Rico. J'ai envie de me laisser aller ce soir et de ne plus penser à rien.

Elle lui resserra les bras qu'il avait mis autour d'elle.

— J'ai envie que tu m'aimes ce soir.

Il lui prit le menton et trouva ses lèvres.

— Je suis un imbécile. J'ai laissé tes cachets sur le comptoir.
— Je l'ai prendrai plus tard. Ne me laisse pas, je veux rester collé à toi.

Il lui caressa le cou et descendit sur ses seins.

— Tu crois que tu aimerais si…disons si je mettais un peu plus d'épreuves sur tes seins?
— Hum, j'aimerais bien essayer.
— Retourne-toi

Elle se retourna pour s'asseoir à califourchon sur lui. Il prit ses seins un à un et les suça sauvagement. Il lui massa le bas du corps au même moment.

— Tu veux jouer un peu plus?
— Oui Rico, joue avec moi s'il vous plaît.
— Oui, c'est bien. Je vais jouer avec toi et je n'oublierai pas tes seins ce soir. Ils seront à l'honneur pour moi.

Il les suça à nouveau et les mordilla doucement.

— Tu sais j'ai une table ici sur laquelle j'aimerais te voir allongé.
— Bien, apporte-moi sur cette table Rico.
— Oui, c'est ce que je veux mon ange.

Il la sortit du bain et l'épongea.

— Prends tes cachets maintenant mon ange. Je dois demander à Ricardo de monter la table. Tu veux monter tout de suite et t'installer dans la piscine en attendant que la table soit prête ou tu veux que je revienne te chercher?
— ''Il veut que Ricardo me voie nue à nouveau''. Je vais aller à la piscine.
— Ils mirent leur peignoir et montèrent. Angel entra dans la piscine. Rico se servit un verre et appela Ricardo. Il la regardait se laisser flotter dans l'eau. Ricardo la regarda en entrant sur la terrasse et alla installer la table.

— ''Quelle beauté cette femme. Parfaite pour ce beau Dieu de Rico''.
— Rico tu pourrais m'apporter un verre d'eau citronné s'il vous plaît.

Rico alla s'asseoir près de la piscine et laissa tremper ses pieds. Angel avait le ventre qui lui brûlait tellement les souvenirs d'amour qu'elle avait eu dans cette piscine étaient dans ses pensées. Son corps réagissait et Rico pouvait le voir, le sentir. Il lui prit la main et la rapprocha de lui.

— Tu es magnifique mon ange dans cette piscine avec seulement les lumières de fond allumées.

Elle passa la main sur sa cuisse.

— ''Merde! Je ne me comprends plus. Pourquoi fais-je cela devant Ricardo? Je vois bien que je l'allume lui aussi. Je n'y peux rien, c'est plus fort que moi maintenant. Est-ce que Rico le savait que je deviendrais comme cela? Avait-il planifié tout ça? C'est comme une drogue, j'en ai besoin maintenant.'' Tu devrais t'asseoir sur cette roche Rico. Tu aurais les fesses dans l'eau.

Ricardo le regarda entrer dans l'eau. Angel s'aperçu qu'il avait toujours son bracelet au bras.

— ''Ah Angel! Ne parle pas de ses petites fesses, tu vas me faire craquer''.

Ricardo avait fini depuis longtemps d'installer la table, mais il n'arrivait pas à partir et Rico ne lui avait pas dit de partir non plus. Alors il se mit à essuyer des verres au bar, qui n'avaient manifestement pas besoin d'être nettoyés.

Quand Rico s'était installé sur la roche pour avoir seulement les jambes et les fesses dans l'eau, Angel avait vidé le verre de Whisky de Rico.

— Hé! C'était à moi ça mademoiselle.

Elle lui sourit.

— Tu peux en demander un autre à Ricardo. Je vais en boire avec toi, je ne veux plus d'eau citronnée.

Il lui prit le menton et le leva vers lui.

— Tu sais très bien ce que tu vas lui faire hein?
— Oui, je crois que nous allons devoir le satisfaire aussi.

Elle vit l'érection de Rico se raidir encore plus.

— J'aime bien que tu sois gentille avec lui.

Il se pencha à son oreille.

— Toujours en ma présence par contre.
— Jamais sans toi Rico.
— Tu voudrais que Rico te dicte ta conduite ce soir?

— Oui Rico. Dis-moi ce que je dois faire.
— Tu peux commencer par nous satisfaire Ricardo et moi. Je te dicterai la suite plus tard.

Il prit la tête d'Angel pour la diriger sur son érection.

— Ricardo, tu veux bien nous apporte un Whyski à toi et à moi. Apporte de la crème aussi.

Ricardo banda au max. Rico avait dit les mots qu'il voulait entendre. Il apporta le tout en une fraction de seconde.

— Tu as fait vite.

Ricardo lui sourit.

— Viens t'asseoir avec nous sur cette roche. N'oublie pas Ricardo, je partage seulement parce qu'Angel le veut et je ne partage jamais quand je ne suis pas là.
— Oui Rico, je sais et je respecte cela.
— Tu as une bouche éditique mon ange, continu.

Quelques minutes plus tard, il lui leva la tête et alla la placer sur l'érection de Ricardo.

— Montre-lui comme tu m'aimes maintenant.

Elle suça le bout de son érection et fit une pression à la base de son érection avec ses doigts. Ricardo semblait aux anges, il gémit au premier coup. Rico caressait les fesses d'Angel. Ses seins flottaient sur l'eau. Rico les prit et fit rouler ses doigts sur les bouts. Il souleva ses fesses et entra en elle, il la fit gémir à son tour. Ils jouirent tous les trois ensemble. Ricardo resta assis où il était et Rico prit Angel dans ses bras.

— Tu me fais jouir comme personne. Tu sais, c'est la fête de Ricardo aujourd'hui.

Angel se retourna et elle fit un grand sourire à Ricardo.

— Bonne fête Ricardo.
— Nous allons le garder avec nous si tu veux bien. Il est seul ce soir, Shean devait voir sa mère qui est malade.
— Aucun problème Rico.

Il prit le verre de Whyski et le tendis à Ricardo.

— Viens Ricardo, rapproche-toi.

Angel était maintenant dos à Ricardo, il dégustait son Whyski et passait la main très doucement sur le dos d'Angel. Rico prit son verre et trinqua à la santé de Ricardo. Il prit une gorgée et en donna ensuite à Angel.

— Toi aussi tu dois trinquer mon ange. Tu te rappelles ce que j'ai dit pour tes seins?

Angel avait le bas du ventre qui la brûlait à penser la façon dont il avait sucé ses seins plus tôt. Rico se rapprocha plus près d'elle et fit signe à Ricardo de se rapprocher lui aussi. Elle pouvait sentir les deux érections sur son corps. Comment pouvaient-ils la rendre folle à ce point?

— J'aime vous voir en érections. Vous êtes beaux.
— Que préfères-tu mon ange, répéter ce que nous avons fait l'autre jour ou jouer sur la table?

Elle regarda Rico dans les yeux puis mit sa tête dans son cou.

— C'est devenu comme une drogue pour moi le sexe avec toi. Rico, je comprends maintenant la peur que j'ai eue quand je me suis enfui. Je vous veux tous les deux toute la nuit. Faites-moi jouir Rico.

Il l'embrassa sauvagement et la souleva par les fesses et la pénétra sans ménagement. Elle sentait qu'il reculait pour qu'elle se retrouve appuyée sur Ricardo. Celui-ci lui mit une crème froide sur l'anus et la massa.

— Je veux te voir jouir toute la nuit aussi mon ange.
— Oui Rico. Prends-moi, je suis à toi.

Il la recula doucement et Ricardo la dirigea sur son érection. Elle regarda Rico et se mordit la lèvre. Soudain sa tête partie vers l'arrière et Rico suça ses seins comme jamais il ne l'avait fait.

— Rico, je t'en pris, laisse-moi jouir maintenant.

Il entra plus loin, plus fort en elle.

— Je veux aller au fond de toi mon ange.

Il l'embrassa et la poussa plus loin sur Ricardo et pris ses fesses très fort dans ses mains et la pénétra avec force.

— Nous allons jouir tous les trois maintenant mon ange, maintenant.

Rico avait les mains sur ses fesses et Ricardo sur ses seins

— Ah Rico! Oui…c'est si bon.

Il la prit dans ses bras ensuite, s'installa dans un coin et il la serra fort contre lui.

— Si tu pouvais voir comment tu es belle quand tu jouis comme cela. Tu es incroyable mon ange.
— Ricardo, tu peux nous servir un autre verre…toujours à deux.

Rico regarda Ricardo se lever. Il ne le lâcha pas des yeux jusqu'à ce qu'il revienne. Rico aimait regarder. Elle nicha sa tête dans le cou de Rico et lui chuchota dans l'oreille.

— Est-ce qu'on t'a déjà prit toi?

Rico ne lui répondit pas. Il regarda Ricardo.

— Ricardo va chercher la boîte qui est dans mon bureau et apporte là ici près de la table.

Rico regarda Angel et lui chuchota que c'était le cadeau de Ricardo pour sa fête.

— C'est le banc que nous avons acheté ensemble.
— Tu ne lui avais pas donné encore?
— Non, je lui gardais pour sa fête. Dis-moi avant qu'il revienne. Qui aimerais-tu voir sur cette table?
— J'aimerais te voir donner la fessée à Ricardo et je crois que tu aimerais aussi.
— Alors nous commencerons avec lui pour avoir joui en toi et ensuite toi, parce que tu ne veux pas m'écouter.

Elle lui fit un sourire et l'embrassa. Ricardo arrivait avec la boîte.

— Déballe-le vite, c'est à toi pour ta fête.

Ricardo sourit.

— Habituellement mon cadeau est dans une enveloppe.

Il sortit le meuble de sa boîte. Il avait la même réaction que Rico avait eue quand Angel lui avait montré la sienne.

— Va lui montrer mon ange quelles merveilles se cache dans ce meuble.

Elle sortit de l'eau et montra à Ricardo tout ce qu'il lui était possible de faire avec cette table. Ricardo avait une érection éminente et un sourire incroyable.

— Mon ange, installe Ricardo sur la table.

Elle l'installa en s'assurant de voir son érection par l'arrière. Elle fit le tour de lui pour s'assurer que tout était bien en place tout en laissant sa main errer sur ses fesses et laissa aller un doigt descendre sur son anus. Le ventre lui brûlait terriblement juste à y penser. Rico allait-il lui faire ce plaisir?

Rico prit un fouet et demanda à Angel si elle voulait le faire.

— Non, je veux regarder.
— Tu es près Ricardo? Ah! J'oubliais, tu préfères le fouet ou mes mains?
— Tes mains Rico.
— Alors tu comptes, nous irons jusqu'à vingt, ça te va?
— Oui Rico.

Angel regardait Rico, il avait une érection du tonnerre. C'était évident que cela l'excitait tout autant qu'elle pouvait l'exciter elle-même. Rico lui donna vingt coups et ensuite se tourna vers Angel.

— Caresse-lui les fesses, il en a besoin.

Rico alla se placer devant Ricardo, il voulait qu'il voie comme il l'avait excité. Angel lui embrassa les fesses avant de prendre une crème et les asperger doucement tout en s'attardant sur son anus.

— Elle va me rendre fou Rico.

Ricardo se mordit la lèvre inférieure et gémit au touché d'Angel. Rico s'approcha d'elle et la prit dans ses bras.

— Regarde dans quel état tu nous mets. N'importe quel homme ferait n'importe quoi pour toi mon ange. Mais moi je sais ce que tu veux.
— Oui Rico, c'est ce que je veux voir. Je suis trempe juste à y penser.
— Je sais ce que tu veux, mais moi aussi je veux quelque chose.
— Quoi Rico?
— Si je dois faire cela, tu devras le faire pour moi aussi.

Il voulait la voir avec une femme et elle savait exactement qui était la femme, Kelly.

— Dis-moi.
— Dis-lui Rico, vous allez me rendre fou tous les deux. Parlez plus vite.

Rico sourit à Angel.

— Oui, dis-le-moi.
— Je veux te voir avec Kelly…et ton année d'étude que tu feras avec moi.
— Tu veux tout?
— Oui, tout.
— Non, ça vaut une chose seulement.
— Est-ce toi qui me punis ou moi qui te punis?
— Non, c'est moi que vous punissez là.
— Nous sommes en train de punir Ricardo, c'est vrai. Peut-être que tu obtiendras autre chose plus tard, choisi le plus important pour le moment.
— Tu n'as pas le droit de me faire ça.
— C'est toi qui veux quelque chose Rico, quelque chose de très important pour toi je crois.
— Oui. D'accord, je choisis ton année d'études avec moi.

Angel ouvrit de grands yeux, elle ne s'attendait pas du tout à ça.

— Bon choix. J'accepte.

Elle prit son érection dans ses mains et le dirigea vers l'anus de Ricardo.

— Tu veux bien me faire plaisir maintenant?
— Juste pour toi mon Ange.
— Montre-moi.

Angel décida de prendre un fouet et frappa les fesses de Rico avec, elle le fit jouir très rapidement. Il l'a pris ensuite et renvoya Ricardo. Il installa Angel sur la table et la fit jouir avec une telle intensité qu'elle perdit la notion du temps. Il la prit ensuite dans ses bras jusqu'à leur chambre pour la déposer sur le lit et il alla prendre une douche avant de la rejoindre. Elle s'était endormie.

Rico avait invité Kelly et Dylan pour le souper. Ils étaient tous installés sur la terrasse. Le repas terminé, Rico et Dylan disparurent et Kelly resta seule avec Angel.

— ''Qu'est-ce qu'ils me cachent encore? Kelly est si nerveuse. Je suis fatiguée de jouer à cache-cache. Je n'aime pas ça.''

Deux jours plus tard, Angel se rendit chez Kelly tout en sachant que Dylan n'y était pas.

— Bonjour Kelly. Je passais près de chez toi alors j'ai décidé de passer te voir.
— Tu as bien fait.

Angel voyait très bien que cela mettait Kelly mal à l'aise.

— Écoute Kelly, nous nous connaissons depuis le primaire. Nous avons toujours été de bonnes amies. Alors je sais qu'il y a quelque chose que tu me caches. J'ai besoin de savoir.

Kelly cachait très mal ses émotions et Angel la connaissait trop bien.

— Non Angel, je t'assure, y'a rien.
— Kelly, est-ce que Dylan est gentil avec toi?

Elle arqua les sourcils.

— Mais oui, voyons.
— Alors, pourquoi mettre notre amitié en péril de nouveau? Dis-moi.

Kelly prit la main d'Angel.

— Angel non, il ne faut surtout pas. Tu es ma seule vraie amie.
— Toi aussi Kelly, tu es ma seule vraie amie, alors on ne doit pas laisser les hommes que nous aimons bafouer notre amitié. Ils n'en ont pas le droit.
— Tu as raison Angel. Mais tu oublies que ce sont eux qui ont l'argent.
— Tu n'as pas de compte en banque à toi Kelly, pour te protéger si l'argent compte autant pour toi?
— Non, j'utilise toujours celui de Dylan.
— Alors, si un jour ça ne va pas entre vous, tu pourras toujours compter sur moi. J'ai maintenant un bon compte en banque.
— C'est facile à dire, mais j'aime Dylan.
— Il serait temps que tu mettes de l'argent de côté pour pouvoir avoir un certain niveau d'indépendance. Tu n'as qu'à le faire en secret.

MON ANGE GARDIEN D'AMOUR

Kelly laissa aller ses larmes. Elle était torturée de devoir gardé des secrets et Angel le savait.

– Tu me dis maintenant.
– Si je te donnais juste quelques indices, ça irait?
– C'est à voir, mais je crois que oui. Si tu crois que je saurai m'en sortir.
– Tu es très intelligente Angel, je sais que tu sauras.
– Alors, dis-moi.
– Il va y avoir une soirée où nous serons tous samedi. Dylan a pour bus de décourager une personne à ne pas assister à cette soirée.
– Quelle soirée? ''Comment sait-elle que je vais assister à une soirée samedi et que moi je ne le sais même pas?'' Qui est cette personne?
– Mélissa Dune.
– ''Ah! La revoilà celle-là''. Très bien. Je te remercie pour ta confiance Kelly.

Elle prit Kelly dans ses bras pour la rassurer.

– Que dirais-tu de venir faire les magasins avec moi, maintenant que je sais, j'aimerais être dans une très grande beauté.
– Avec joie. Angel si tu veux la battre à pleine couture, trouve-toi une robe vert émeraude comme la première fois que je t'ai amenée au club. Il ne pourra pas te résister.
– Tu crois?
– Tu l'as conquise comme cela. Quand tu portes un vêtement émeraude, tes yeux sont comme des pierres précieuses. Ils deviennent d'un éclat fracassant.
– Alors nous partons à la recherche de cette robe.

Les heures passèrent et elle n'avait toujours pas trouvé ce qu'elle cherchait.

— Je dois rentrer Angel, nous sortons avec des amis ce soir.
— Sans problème Kelly. Je vais continuer un peu mes recherches.

Après le départ de Kelly, Angel décida de voir si elle ne pouvait trouver quelque chose sur le net. Elle s'installa dans un café et fureta sur le net.

— Oh! La voilà.

Le seul problème était que cette robe n'était pas dans cette ville et le lendemain était vendredi. Elle appela Ricardo.

— Ricardo, je voudrais faire une surprise à Rico, mais pour cela, j'aurais besoin du jet pour quelques heures.
— Je vais voir avec lui et…
— Non Ricardo, si je ne m'adresse pas à lui directement, c'est que je ne veux pas qu'il sait.
— Tu peux m'en dire plus dans ce cas?
— Oui, j'ai trouvé une merveilleuse robe et je voudrais aller l'essayer, la faire retoucher, mais cette boutique se trouve à Manhattan.
— Pourquoi tant de secret pour une robe Angel?
— Crois-moi, elle sera une très belle surprise pour Rico.
— Si tu le dis, je te crois. Je vais venir avec toi.
— Non, Rico se demandera où tu es passé.

— Alors j'envoie Shean avec toi.
— Crétin, je l'attends au jet.

Ricardo sourit.

— Shean tu dois m'attendre dehors, je ne veux pas que tu voies la robe.
— Bien, mais ne me fait pas le coup de disparaître comme avec Ricardo.
— Promis. Ais confiance en moi.
— Désolé, je n'aurais pas dû dire ça.
— Non ça va. C'est plutôt moi qui ne peux toujours pas avoir confiance.
— Pourquoi dis-tu ça Angel?

Elle ne répondit pas et sortit de la voiture pour s'engouffrer dans la boutique.

La robe était la plus magnifique. La boutique appartenait à un grand couturier. Il l'attendait.

— Vous êtes la femme parfaite pour cette robe. Personne d'autre n'aurait pu mettre cette robe en valeur comme vous le faites.

Il fit tous les ajustements nécessaires. La robe longue débutait avec le vert émeraude de ses yeux et dégradait délicatement vers des verts plus foncés. Le dos était ouvert jusqu'au bassin et de fines languettes croisaient d'un côté à l'autre dans le haut du dos. La robe était retenue par les mêmes fines languettes aux épaules. Aucun survêtement n'était nécessaire avec cette robe. Le couturier lui avait trouvé les escarpins parfaits pour aller avec cette robe.

— Dites-moi, à quelle occasion porterez-vous cette robe?
— Laissez-moi vos coordonnées et je vous le ferai savoir. Mais il se pourrait que ce soit samedi en soirée.
— J'aimerais vous voir dans les revues avec cette robe.
— Très bien, si cela est possible je vous aviserai. Merci.

Elle lui fit la bise et repartit avec Shean pour l'aéroport.

Arrivée chez elle, ils prirent leur repas sur la terrasse et finalement ce qu'Angel attendait avec impatience arriva.

— Qu'as-tu fait aujourd'hui?
— Kelly et moi avons fait les magasins.
— C'est tout?
— Oui.

Cela devait tellement agaçant qu'il sache toujours tout. Elle ne pouvait jamais parler de sa journée, car il avait déjà tout appris. Il voulait jouer, elle était pour jouer.

— Pourquoi avoir été chez un grand couturier à Manhattan?
— Mais Rico, quelle question!

Will se sentit agaçé.

— Mon ange, dis-moi ce qu'il y a?

— Will, je m'aperçois qu'avec le temps il est très difficile de discuter avec toi, puisque tu sais tout, alors pourquoi jouer à m'énerver en me demandant des nouvelles de ma journée. Je n'ai pourtant rien à t'apprendre. Ce sont des discussions à sens unique.

— ''Merde!'' Je suis désolé.
— Avant de demander à Ricardo ce que j'ai fait de ma journée, demande-le-moi.
— Bien, c'est ce que je ferai à l'avenir. Alors, puis-je voir cette merveille de robe?
— NON. Je la porterai à notre prochaine sortie, c'est promis.
— Très bien, alors ce sera samedi.
— Où allons-nous?
— J'ai une soirée de prévue. Toute la grande classe de l'Amérique y sera. Tu crois que ta robe sera parfaite?
— Plus que parfaite. Mais dis-moi Will, tu sais depuis longtemps pour cette soirée?
— ''Ça y'est, j'ai fait quelque chose de mal, elle m'appelle Will et elle semble très agacée à son tour''.

Il baissa les yeux. Elle lui avait demandé le respect. Elle voulait une vie de couple et non celle qu'il lui donnait, celle du contrôle.

— Oui mon ange, j'aurais dû t'en parler avant.
— Oui. À partir d'aujourd'hui, je vais mettre mon calendrier accessible pour toi et ton assistante ainsi que

Ricardo. S'il y a un événement que je dois assister avec toi, vous l'entrerez dans mon calendrier à moins que tu préfères m'en aviser toi-même et je l'entrerai.

Il la prit dans ses bras et grogna. Elle lui sourit.

— Je ne serai jamais la poupée de personne Will, jamais. Si nous décidons de continuer cette relation, ce sera dans le respect et l'honnêteté l'un pour l'autre.

Il la serra encore plus fort et mit sa tête dans son cou. Il ferma les yeux avec une sensation de douleur dans la poitrine.

— Oui mon ange, je suis bien d'accord.
— Parle-moi de cette soirée. Y'a-t-il quelque chose que je dois savoir?

Il lui parla de plusieurs personnalités qui y assisteraient et la discussion continua sur des choses bien banales. Mais il ne discuta pas de Mélissa Dune. Elle lui donnait la chance de lui parler. Malheureusement, Angel réalisa qu'il la faisait marcher. Il lui disait que tout était beau tandis que tout n'était pas beau. Il était pour recommencer et elle le savait. Elle l'aimait pourtant, ça, elle en était certaine. Elle devait trouver un moyen pour qu'il lui fasse confiance et qu'il ne lui cache plus rien. Sinon cette relation ne mènera nulle part. Elle ne pouvait que se demander s'il l'aimait vraiment ou s'il ne faisait que l'utiliser.

— Je vais prendre un bain et me coucher, j'ai très mal à la tête.

Il se rendit avec elle à la salle de bain et lui fit couler son bain. Il lui apporta des cachets pour son mal de tête.

— ''Se peut-il qu'il ait des problèmes à se contrôler par rapport à cette manie qu'il avait de devoir tout savoir?''
— Désoler mon ange, c'est ma faute ce mal de tête.
— Ça va aller. Viens avec moi dans la baignoire tu veux.

Il l'embrassa et s'installa derrière elle. Il lui fit un doux massage sur les temples. Après un moment, elle se retourna et l'embrassa.

— Et ton mal de tête?
— Il s'y fera. Je te veux Will. Prends-moi.
Angel avait mis sa robe. Elle se regardait dans la glace. Elle se sentait prête pour affronter cette Mélissa Dune.

— Tu es prête mon ange?
— Oui.

Will la regarda marcher vers lui. Elle savait que cette robe lui ferait de l'effet.

— Oh mon ange à moi. Que tu es belle!

Il la prit dans ses bras et lui sourit.

— Ça te fait penser à quoi cette robe?
— La première fois, tu étais aussi belle que ce soir.
— Tu es sure qu'on doit y aller?
— Si tu veux savoir, ce n'est plus ce que j'ai en tête, mais malheureusement, on doit y aller.

Arrivée à la soirée, Angel vit Kelly et Dylan. Ils allèrent les rejoindre. Kelly trouva Angel étrange.

— Tu viens avec moi Angel? J'ai besoin de me repoudrer le nez.
— Oui.
— Angel, tu la cherches?
— Hum. C'est si évident hein?
— Oh oui! Tu ferais mieux de faire attention.
— J'ai finalement trouvé une photo d'elle sur internet.
— Fait attention c'est tout.

Elles revinrent vers Dylan et Will n'était plus avec lui.

— Dylan, où est passé Will?
— Reste avec nous, il devait voir quelqu'un.
— ''Ça y'est. Monsieur se prend pour mon boss. Il a du culot pour me parle sur ce ton. Will doit être parti s'entretenir avec el.le'' Je vais marcher un peu.
— Non Angel, reste ici. Will a demandé que tu restes avec nous.

Elle le regarda avec un air de défi.

— Dylan, je suis une grande fille et je vais aller marcher. Je n'ai nullement besoin de chaperon.

Résigné, Dylan la laissa partir. Angel ne fit que quelques pas, puis se retourna pour voir Dylan sauter sur son téléphone portable. Elle le regarda avec déception. Elle partit pour retrouver Will ou Mélissa. Tout à coup, elle les vit sortir d'une salle fermée. Mélissa alla d'un côté et Will de l'autre. Il la cherchait des yeux. Angel se dirigea très vite pour rejoindre Mélissa.

— Bonsoir Mélissa.

Celle-ci s'arrêta d'un coup et se retourna doucement avec un gros sourire de victoire.

— Tu dois être Angel?
— Oui, c'est bien moi. Alors tu connais mon conjoint.
— Ah! Ah! Ah! Ton conjoint? Tu es sa poupée du moment chérie, rien de plus.

Angel s'était préparé mentalement à une telle réaction. Elle releva la tête.

— Les affaires sont bonnes Mélissa?

Will arriva et la prit par le bras.

— Angel je voulais te présenter…

— Je sais déjà qui est Mélissa et elle semble aussi savoir qui je suis.

Angel tourna les talons et se dirigea directement vers la sortie.

— Mon ange, ce n'est qu'une connaissance.

Angel lui lança des éclairs avec son regard tellement elle était fâchée.

— Ah! Voilà mes deux amours.
— Papa.
— Bonsoir William.

Will prit Angel par le bras.

— Belle réception, vous ne trouvez pas?
— Oui papa.

Angel ne répondit pas.

— Vous m'excuserez William, je dois aller à la salle de bain.

Arrivée à la salle de bain, elle se passa de l'eau dans le cou pour essayer d'enlever un peu de tension qui montait en flèche. Mélissa entra et elle vit son reflet dans la glace.

— Angel, je voulais ajouter plus tôt que oui les affaires vont très bien. Tu sais même si nous n'aurions pas nos trois clubs ensemble, nous allons toujours nous voir, et ce…pour la vie ou tout au moins pour les prochains vingt ans pour quelque chose qui nous unit à vie.

Angel n'eut pas le temps de placer un mot que Mélissa s'était déjà éclipsé. Elle ferma les yeux et elle pensa. ''Pour la vie ou tout au moins pour les prochains vingt ans pour quelque chose qui nous unit à vie.''

— Merde! Ils ont un enfant, ça ne peut être que ça.

Will vit Mélissa sortir de la salle de bain, elle lui sourit. Il lui lança un regard noir. Il vit ensuite Angel en sortir et se diriger vers la sortie.

— Papa tu m'excuses, mais nous devons partir.

Il rejoignit Angel sans attendre de réponse.

— Angel.

Elle lui montra la paume de sa main en signe de négation. Il comprit et se tut. Will texta Ricardo pour qu'il avance la voiture.

— Will, reste à la soirée. Cela ne sert à rien. Nous nous disputons trop souvent.
— Angel ne me fait pas ça.

— Will, c'est toi qui m'as fait ça. Je t'ai laissé plusieurs chances pour que tu m'en parles, mais tu aimais mieux me laisser dans l'ignorance pour que ceux qui sont au courant puissent rire de moi.
— Très bien nous allons discuter.
— Discuter de quoi Will? Tes vingt-deux clubs, dont trois avec Mélissa ou ton enfant peut-être?

Il la regarda surpris. Il ne pouvait plus dire un mot.

— Ne fait pas cette tête tu veux. J'attendais pour voir si tu étais pour m'en parler…mais non.
— Angel.
— Si je dois tout découvrir avec fracas, je n'apprécie pas tu vois. Je n'aime pas qu'une autre femme de ta vie me dise qu'elle aura toujours un certain contrôle sur toi.
— Angel, il n'y a rien entre Mélissa et moi, depuis très longtemps.
— Rien!

Elle regarda Will dans les yeux. Ricardo sentait la tension monter, il ferma la vitre qui les séparait.

— Will, pourquoi alors aviez-vous besoin de vous enfermer dans une salle? Mélissa a raison, je ne suis qu'une poupée. C'est bien ce que les gens qui t'ont vu sortir de cette pièce comme moi vont penser. Crois-tu les gens aveugles Will?
— Non Angel, non tu n'es pas une poupée. Je devais lui parler en privé.

— Le téléphone n'est pas assez privé pour toi ou pour elle? Le fait est que tu ne veux pas partager ta vie Will.

En entrant, Angel alla prendre un long bain. Elle ne revit pas Will de la soirée. Quand elle se réveilla le lendemain, il n'était pas près d'elle. Elle se leva et mit son peignoir. Will n'était nulle part. Elle le vit qui descendait de la terrasse. Leur regard se rencontra et Will s'avança vers elle doucement pour la prendre dans ses bras. Il la serra fort.

— Ne part pas s'il vous plaît, reste avec moi. Je t'aime Angel.

Elle ne put que le serrer fort elle aussi. Elle l'aimait tant. Elle aurait voulu partir et refaire sa vie autrement, mais elle en était incapable.

— Je t'aime aussi Will, mais tu dois apprendre à me faire confiance et éviter de me faire vivre des situations déplaisantes comme hier. Si je dois vivre avec toi et toujours me demander qu'est-ce qui cloche, qu'est-ce que tu me caches, par qui tu me fais surveiller ou encore qui m'affrontera pour me déstabiliser, la vie sera déplaisante. Tu ne crois pas qu'hier nous aurions pu nous amuser si tu n'avais pas demandé à Dylan de me surveiller et que j'aurais été prête pour Mélissa pour qu'elle n'est pas la satisfaction de me surprendre?
— Oui, je sais mon ange.
— Surtout, arrête de demander à Kelly et Dylan de me garder avec eux quand tu n'es pas là. Dylan est minable en ce

sens et Kelly devient très mal à l'aise et à cause de toi, nous allons ruiner notre amitié.
— Promis.

Il la serra dans ses bras puis la souleva pour aller la déposer sur le lit. Il se dévêtit et s'installa près d'elle pour l'embrasser à ne plus avoir de souffle.

— Je t'aime mon ange, tu es ma vie.

Angel croyait avoir connu la plus grande jouissance avec Will, mais cette fois c'est l'amour qui les fit jouir, la peur que ce soit la dernière fois.

— L'amour va me tuer tellement tu me fais jouir.

Will lui sourit tendrement. Il l'attira dans ses bras. Angel ne pouvait pas se résigner à partir. Elle décida d'attendre un peu et de remettre cette discussion à plus tard. Deux semaines plus tard, Will partait pour un voyage d'une semaine et Angel devait faire des examens en classe.

— Pourquoi ne peux-tu pas venir avec moi?
— Non Will, j'ai des choses à faire et je veux rester ici. On va se revoir dans une semaine. Je t'attends ici. Je t'aime Will, je vais t'attendre.

Il l'étreignit plus fort.

— Promis.

— Promis, mon amour.

Après le départ de Will, Angel devait bien préparer son plan pour ne pas se faire prendre par Ricardo. Il avait surement l'ordre de la surveiller de près. Elle attendit tard dans la nuit et alla dans le bureau de Will. Elle chercha quelque chose relié à Mélissa, mais elle ne trouvait rien. Elle regarda l'ordinateur.

— ''Regarde-moi ça, je lui demande de me faire confiance et je ne lui fais même plus confiance moi-même. C'est parce qu'il me cache trop de choses''. Son mot de passe, qu'est-ce que ça pourrait bien être? Impossible de trouver son mot de passe. Elle irait à la banque le lendemain pour consulter les documents que le pirate informatique avait trouvés pour elle. Elle y trouverait peut-être l'adresse de Mélissa.

Comme prévu, elle trouva l'adresse personnelle de Mélissa. Le jour suivant Ricardo vint frapper à sa porte à 11h00.

— On fait la grosse matinée ici.
— Oh! Ricardo. Bonjour.
— Il est 11h00 Angel.
— Je me lève. Merci.

Angel rumina toute la journée pour trouver un moyen, une raison pour se rendre à Los Angèle. En furetant sur le NET, elle vit que dans deux jours, il y avait un défilé des plus grands couturiers.

— ''Ça y'est. Je vais devoir utiliser ta carte de crédit mon chéri. C'est bien ce que tu as toujours voulu''.
— Salut Kelly.
— Hein! Angel ça va bien?
— Oui. Je me demandais si tu voulais te rendre avec moi à un défilé de mode des plus grands couturiers. C'est dans deux jours à Los Angèle.
— Wow! Tu parles si ça m'intéresse. Je vais voir avec Dylan et je te fais savoir.
— Parfait.

Angel attendit avec impatience le coup de téléphone de Will.

— Salut mon ange. T'as passé une belle journée?
— Oui. Je suis très excitée Will. Kelly m'a invité à me rendre à Los Angèle pour voir un défilé de mode des plus grands couturiers. Je vais devoir utiliser ta carte de crédit, je crois, et aussi ton jet.

Le silence se fit.

— Will, tu es toujours là?
— Oh! Oui. Ricardo ira avec vous deux.
— Non, je ne veux pas de chaperon. Nous en avons parlé.

— Très bien Angel, mais tu dois comprendre que je ne l'envoie pas pour te suivre ou te chaperonner. Je suis l'homme le plus riche, tu as besoin de protection mon ange.
— Alors pourquoi refuses-tu des gardes du corps toi?
— Hum.
— Merci, c'est gentil Will.

Deux jours plus tard, elles se retrouvaient à faire des achats extravagants.

— Quelle bonne idée tu as eue Angel.
— Oui, merveilleuse n'est-ce pas.

Angel déplaça son regard dans la salle et elle l'aperçu, Will lui-même. Il était dans un coin plus sombre au bar.

— ''Il est donc là. Mais pas avec moi''.

Elle continua à chercher dans la foule discrètement jusqu'à ce qu'elle la voit, Mélissa.

— ''Merde''

Kelly et elle retournèrent à l'hôtel et Angel prétexta un mal de tête pour pouvoir préparer sa visite nocturne. Elle arriva en taxi à 4h00 du matin à l'avant de chez Mélissa.

— J'aimerais vous payer pour que vous puissiez m'attendre, mais je n'ai aucune idée combien de temps cela peut prendre?

— Aucun problème si vous venez me payer cinquante dollars aux trente minutes.
— Très bien.

Elle lui donna le premier cinquante dollars. Après quelques minutes, le chauffeur la regarda.

— Vous ne descendez pas?
— Non, j'attends ici jusqu'à ce qu'il y est un peu d'action.
— Ah!

À 9h00 elle vit arrivée Will. Elle fût soulagée, elle le croyait déjà à l'intérieur.

— ''Ah bon! Monsieur est quand même bien informé, il a le code du portail''. Attendez-moi, je reviens.
— Oui madame.

Le chauffeur avait tout compris. Il sembla désolé pour elle. Elle regarda Will sortir de voiture. La grande porte s'ouvrit et un petit garçon courrait vers lui. Angel avait les larmes aux yeux. Mélissa alla à leur rencontre avec un grand sourire. Elle embrassa Will sur la joue. Un grand homme sortit de la maison et s'adressa à eux. Will et Mélissa se retournèrent en même temps vers le portail. Angel courut vite vers le taxi.

— On retourne à l'hôtel, vite.

MON ANGE GARDIEN D'AMOUR

Elle le paya généreusement pour qu'il ne donne d'informations à personne. Arrivée à l'hôtel, elle passa par une porte de côté. Will avait certainement avisé Ricardo déjà. Quand elle arriva à sa porte, Ricardo était adossé et la regardait marcher jusqu'à lui.

— ''Je savais qu'il l'avait envoyé.'' Tu sais Ricardo que je devrais te mettre dans ma poche.
— Ma belle Angel, tu finit toujours par m'avoir hein. La seule façon de ne pas t'enfuir serait de coucher avec toi, alors je vais dire à Rico que le seul qui peut te surveiller s'est lui ou que je couche par terre à côté de ton lit et que je t'attacher au lit.

Angel lui sourit, elle le poussa et entra dans sa chambre pour se diriger immédiatement dans la douche. Elle laissa aller ses larmes.

— Angel ouvre-moi.
— Non, va-t'en. Je te verrai à ton appartement.
— Non, ouvre-moi, je dois t'expliquer.
— Je t'ai donné déjà beaucoup de temps pour t'expliquer. Je sais tout maintenant, je vais te voir chez toi.

Elle dormit pendant quelques heures avant de retrouver Kelly pour faire les magasins. Elle sentait qu'elle était suivie. Après plusieurs achats, elles s'installèrent à une terrasse pour souper.

— Quand penses-tu qu'elles reviendront à la maison?

— Je ne le sais pas, mais pour l'instant, j'ai l'impression qu'Angel se venge sur ta carte de crédit.

Ricardo et Will partirent à rire.

— Si ce n'est que ça…c'est quelque chose cette femme Ricardo.
— Oui. Mais tu prends des risques avec elle.
— Je repars. Appelle-moi quand elle arrivera à sa chambre d'hôtel.

Kelly prit un dessert et Angel en profita pour lui parler.

— Kelly, Will m'a contacté et il veut que j'aille le rejoindre alors nous allons garder le jet ici et il t'a réservé une place sur un vol qui partira dans deux heures. J'espère que cela ne te dérange pas trop?
— Oh! Sans problème Angel. Je comprends.
— Alors je vais aller à la salle de bain et partir le rejoindre. Merci pour cette journée Kelly.
— Merci à toi Angel. On se reparle.

Elle se dirigea vers la salle de bain, mais n'y entra pas, elle continua pour sortir par les cuisines qui donnaient à arrière de l'édifice. Après quelques minutes Ricardo commença à avoir chaud.

— ''Elle ne peut pas m'avoir fait ça encore.''

Il s'approcha à la table où Kelly finissait son dessert.

— Salut Kelly, où est Angel?
— Elle est partie rejoindre Will. Ah non! Ce n'est pas ça hein?
— Non.

Ricardo communiqua immédiatement avec Rico.

— Rico, ça ne sert plus à rien de la faire suivre. Elle veut tout savoir de ce que tu ne lui dis pas, elle va par elle-même chercher ses réponses.
— Oui, mais je ne veux pas qu'elle soit mêlée à ça.
— Alors, parle-lui. Ne me le dis pas à moi. Laisse-lui un message et explique-lui Rico. Steve m'a laissé un message. Elle est déjà chez Mélissa.
— Ah merde! Rien ne l'arrête cette femme. Alors il est trop tard, je n'ai plus qu'à attendre que la bombe explose.
— Hum.

Mélissa s'installa sur la terrasse avec Angel.

— Que veux-tu Angel?
— Je veux que Will reconnaisse son fils publiquement.

Mélissa arqua les sourcils.

— Alors c'était bien toi qui nous épiais? En quoi cela te regarde?

— Oui, j'étais dans tous mes droits de vous épier. Ça me regarde, car je n'aurai jamais d'enfant avec un homme qui ne peut reconnaitre ses propres enfants publiquement.
— Will ne reconnaitra jamais son fils publiquement.
— Pourquoi pas?
— Il ne le veut pas.

Elles discutèrent pendant une heure et finalement Angel fit la rencontre de Nathan. Le garçon s'attacha à elle.

— Il est si mignon.

Elle joua avec Nathan pendant quelques minutes.

— Mélissa, tu sais je suis dans la vie de Will pour y rester.
— C'est aussi ce que Will m'a fait comprendre.
— Alors j'aimerais connaitre mieux Nathan et je voudrais que Will passe plus de temps avec lui.
— Que veux-tu Angel?
— J'aimerais pouvoir amener Nathan chez Will pour quelques jours.
— Non. Will sera furieux.
— Ne t'inquiète pas de Will et je prendrai soin de Nathan comme la prunelle de mes yeux.
— Hum. Angel, tu me demandes beaucoup.
— Si tu veux, tu peux venir aussi, mais dans un hôtel, pas chez Will.

Mélissa baissa les yeux.

— Je ne suis même jamais allée chez lui. Je ne peux pas y aller, je dois partir pour quatre jours.
— S'il vous plaît Mélissa, je dois savoir s'il ne veut vraiment pas le reconnaitre, je ne veux pas rester avec un homme qui ne reconnait pas ses propres enfants.
— Très bien, mais tu seras peut-être déçu. Sa nounou ira avec lui, elle le suit partout.
— Merveilleux. C'est encore mieux. Je me sentirai plus en sécurité.

En arrivant au jet, Ricardo sorti en trombe. Il arqua les sourcils.

— Angel, tu exagères un peu là, tu ne trouves pas. Will est déjà parti hier soir et il sera furieux.
— Appelle-le et dis-lui que nous arrivons.

Ils s'installèrent tous dans le jet à l'exception de Ricardo qui resta dehors pour faire son appel en privé.

— Will ta bombe arrive. Mais elle n'est pas seule. Nathan et sa nounou l'accompagnent.

Will faillit s'étouffer au bout du fil.

— Quoi!
— Qu'est-ce que je fais Will? Elles sont dans le jet avec Nathan.

— Je ne sais plus Ricardo. En vaut-elle vraiment la peine?
— C'est à toi de voir Will.
— Très bien, amène-les et je renverrai Nathan et sa nounou demain.

Arrivé à l'appartement de Will, Nathan courra vers lui. Il était si charmant. Will lui sourit et le prit sur ses genoux. Ricardo montra à la nounou les appartements qu'elle devait partager avec Nathan. Elle avait une chambre à côté de celle de Nathan.

— Pourquoi as-tu fait cela Angel?
— Nous discuterons plus tard quand Nathan ne sera pas avec nous.
— Bien.

Après que Will et Angel étaient seuls. Elle alla prendre une douche et Will la rejoignit.

— Ça va?
— Oui. Alors, pourquoi as-tu fait cela?
— Parce que je veux connaitre ton fils si je suis pour rester avec toi. J'estime aussi que si tu ne peux reconnaitre ton fils publiquement, que je ne crois pas pouvoir avoir des enfants avec toi.
— Tu aurais dû m'en parler avant.
— Tu me caches tout, alors je fais ce que je veux.

— Oui, mais là tu fais ce que tu veux de ma vie personnelle.

Il lui prit la savonneuse des mains et lui lava doucement le dos.

— Comme je te le disais Will, si je suis pour rester avec toi, Nathan fera aussi partie de ma vie.

Elle se retourna pour le regarder et le prit par le cou.

— S'il vous plaît Will, j'aimerais qu'il reste quelques jours.
— J'aurais aimé qu'il reparte demain en matinée.
— En matinée? Mais je n'aurai pas le temps de le connaitre. Alors je vais faire un compromis, demain en soirée.

Will la regarda dans les yeux et poussa une de ses mèches de cheveux de son visage.

— Demain en fin de soirée.
— Merci.

Elle l'embrassa pour le remercier. Le lendemain Angel avait planifié les amener dîner sur la Place Central. Pendant le dîner, Angel prétendit que la couche de Nathan sentait et qu'elle voulait absolument s'en occuper elle-même.

— Laissez, je vais aller le changer moi-même dans la salle de bain.

La nounou la surveillait. Elle la vit entrer dans la salle de bain et elle savait que Ricardo était à la porte du restaurant, alors elle était rassurée. Angel avait tout arrangé, une dame l'attendait dans la salle de bain pour prendre une prise de sang à Nathan pour pouvoir faire le test de paternité. Angel revint avec Nathan qui pleurnichait encore un peu.

— Je crois qu'il n'a pas aimé que ce soit moi qui change sa couche. Je suis désolé mon petit bonhomme.

En soirée Nathan et sa nounou repartirent. Angel devait avoir les résultats dans une semaine. Elle avait tout fait pour que le médecin de Will coopère avec le médecin qu'elle avait rencontré aujourd'hui pour la prise de sang de Nathan.

— Tu n'as pas beaucoup parlé mon ange depuis que Nathan est parti.
— Non je sais, je suis déçu de moi.
— Pourquoi es-tu déçu? Parce que tu es la plus vilaine des femmes que je connais?

Elle lui sourit.

— Oui y'a de ça, mais aujourd'hui j'ai fait quelque chose que je n'aurais pas voulu faire. Je l'ai fait parce que tu n'aurais jamais voulu le faire.

Will se pinça le nez.

— De quoi parles-tu?
— Quand nous sommes allés dîner, j'ai apporté Nathan dans les toilettes pour changer sa couche, mais j'avais tout arrangé et je lui ai fait faire une prise de sang pour un test de paternité.

Will ferma les yeux.

— Non Angel, tu n'as pas le droit.
— Je sais, mais comme je te l'ai dit et je te le répète, je suis avec toi et Nathan fera aussi partie de ma vie, alors je dois savoir.
— Il est mon fils Angel.
— Aucun test n'a jamais été fait.
— Comment peux-tu savoir cela?
— Bien disons que…

Elle baissa les yeux.

— Disons que depuis que je suis avec toi, j'ai appris à connaître les personnes autour de toi. Disons que j'ai utilisé un même service que toi.
— Qu'as-tu fait Angel?
— J'ai eu besoin d'un médecin et je suis allée voir le même que toi.
— Il n'a pas le droit…
— Arrête. Tu n'as jamais fait faire de test. Pourquoi?

— Parce que j'étais avec Mélissa au moment où Nathan a été conçu.
— C'est ça ta raison. Elle est bidon. J'ai fait des recherches et j'ai trouvé que Mélissa voyait un autre homme que toi quand Nathan a été conçu.
— Mais d'où sors-tu ça?
— Je vais te montrer mon dossier demain.

Elle se nicha dans ses bras et l'embrassa.

— Comment fais-tu mon ange pour mettre tout le monde de ton côté? De défier toutes les barrières que j'érige pour toi? De trouver tous mes secrets que personne avant n'avait trouvés?
— Je demande gentiment. Hum, tes barrières se résument à Ricardo en gros. Tu as bien dit tous tes secrets?
— Oui, tous. Il y en a plus.
— Tant mieux. J'espère que c'est la vérité.
— Je te le promets.
— Tu sais que Ricardo a dit que la prochaine fois qu'il devait me surveiller en ton absence, qu'il était pour me menotter au lit et dormir sur le plancher près de moi.
— Ah! Ah! Ah! Pauvre lui, tu lui fais avoir beaucoup de chaleur. La vie était très monotone avant toi. Maintenant elle est de plus en plus captivante.
— Tu n'es pas trop fâché?

Il fit une grimace. Il l'embrassa puis s'arrêta soudainement.

— C'était donc ça les tests que j'ai passés il y a une semaine.

Angel le regarda dans les yeux sans répondre.

— Angel, tu savais déjà?
— Oui Will, je ne savais pas pour Mélissa avant mon retour ici, mais j'ai appris pour Nathan qu'à la soirée où Mélissa m'a dit que tu en avais encore pour au moins vingt ans avec elle.

Une semaine plus tard, quand Angel entra chez elle, Will l'attendait dans le salon, il avait versé deux verres de Whyski.

— Vient t'asseoir mon ange, nous devons parler.
— Tu as reçu le résultat?
— Oui et Nathan n'est pas mon fils. Tu avais raison.
— Comment peut-elle avoir utilisé un enfant pour arriver à ses fins?
— Elle me le paiera. Mais il reste que je suis peiné pour Nathan. Je l'aime bien.
— Oui certainement. Je suis désolé Will d'avoir bouleversé ta vie.

Il la regarda et lui sourit.

— Oui mon ange, pour avoir bouleversé ma vie, tu l'as fait. Mais je t'aime et je ne voudrais que rien ne change à cela. Pour ce qui est de Nathan, j'ai déjà pris des mesures pour retirer les sommes que j'avais mises de côté pour lui et

Mélissa n'aura plus droit au gros chèque que je lui envoyais pour chaque mois.
— Je suis vraiment désolé pour toi et Nathan Will, je l'ai fait pour ton bien.
— Je sais. Prépare-toi, mes avocats vont arriver et je voudrais que nous les rencontrions ensemble.
— Merci chéri.

Deux avocats arrivèrent peu après. Ils discutèrent longtemps avec eux.

— Tu as été forte dans cette histoire mon ange et moi j'ai été faible. Qu'est-ce que je dis, je suis toujours faible avec toi.
— Et fort avec tout le reste du monde.
— Mon ange, plus de secret entre nous.
— C'est vraiment toi qui me dis ça? Alors c'est que tu n'en as plus?

Ils se mirent à rire. Il lui fit l'amour longtemps. Elle s'accrocha à lui, elle était ivre de cet homme.

— Je te garde au lit toute la journée demain, je te veux nue, juste pour moi.

Il caressa ses seins rosés du bout de la langue pour ensuite les mordiller. Il descendit avec ses caresses torturantes de sa bouche entre ses cuisses. Elle cria de plaisir.

— Regarde-moi mon ange.

Il la pénétra doucement et la regarda jusqu'à ce qu'il vit qu'elle était sur le point de jouir alors il la rejoignit dans le plaisir.

Le lendemain, c'est Ricardo qui vint les réveiller. Il frappa à leur porte.

— Vous pensez vous nourrir?

Will souriait.

— Fais le service sur la terrasse et fais-moi savoir quand cela sera fait.
— Très bien.

Il réveilla Angel en l'embrassant. Elle se colla à lui et commença à se mouvoir.

— Je voulais t'inviter à manger, mais je crois que cela peut attendre.
— Oui, ça peut attendre.

Cette fois il la pénétra sauvagement jusqu'à ce qu'elle crie son nom dans la jouissance.

— Tu es merveilleuse.
— Toi aussi Don Juan.

Pendant des semaines Rico et Angel firent l'amour seul, sans exhibition, sans voyance, juste tous les deux.

— Mon ange, j'ai pensé à ce que tu m'avais dit quand nous faisions l'amour à trois. Je ne veux plus jamais te partager, jamais. C'est vrai, comme tu disais que cela devenait une drogue puissante. Nous devons résister et ne plus faire cela.
— Je suis d'accord avec toi. C'est fou comme il n'y a pas de limite avec le sexe. Je crois sincèrement que nous pouvons nous satisfaire juste tous les deux.
— Oui. Viens par ici je vais te faire couler un bain et après nous irons manger sur la terrasse.

Angel se sentait bien en faisant ses études avec Will. Il était si passionné par son travail. Il l'avait amené à deux reprises en voyage pour admirer des architectures à couper le souffle.

— Tu te sens prête pour ton examen final?
— Oui totalement. Merci Will. Je n'aurais pas pu avoir un meilleur professeur que toi.
— Mais non mon ange, c'est toi qui es bonne. Est-ce que tu te rends compte, tu as enfin terminé? Tu vas pouvoir travailler avec moi.

Angel le regarda et elle avait les larmes aux yeux.

— Hé! Ça va?

MON ANGE GARDIEN D'AMOUR

— Oui, je suis si heureuse que tu me demandes de toujours travailler avec toi. Si tu savais quel rêve c'est pour moi.
— Je t'engage seulement parce que tu es bonne.

Elle lui sourit et l'embrassa.

Angel passa ses examens de fin d'année haut la main.

Pour ce qui était de Mélissa, Angel avait toujours une petite chose à régler avec Will.

— Will, j'aimerais te parler.
— Oui mon ange.
— Pour ce qui est de tes trois clubs que tu partages avec Mélissa, j'aimerais savoir si tu vas lui vendre tes parts.
— Je ne veux pas. Ces clubs sont ma création. Je vais lui faire une offre qu'elle ne pourra pas refuser, ça te va?
— Si elle refuse et qu'elle s'entête. Est-ce que je pourrais prendre ta place pour les réunions avec elle et la gestion de ces trois clubs? Elle ne pourra plus te voir.
— Elle ne m'aura plus jamais mon ange, je suis à toi en exclusivité.
— Oui, mais elle est mesquine et elle va essayer de t'avoir de n'importe qu'elle façon et j'aimerais mieux que tu sois le moins possible en sa présence. Je la crois capable de te monter un piège.
— Nous verrons, je vais y penser.
— Très bien.

Angel se préparait pour sa première soirée au club. Elle n'y était pas retournée depuis le premier soir où elle avait rencontré Will. Il ne lui avait pas dit grand-chose sur cette soirée, juste que ce gala avait lieu une fois par année pour tous les clients du club.

Arrivée au club, ils entrèrent par une autre porte, alors ils n'avaient pas à passer par les douches et les habillements pour les femmes. Les invités devaient rester dans cette salle, les entrées au reste du club étaient barrées. Ils allèrent rejoindre Kelly et Dylan.

— N'oubli surtout pas les noms de code, Bombe et Marble et toi c'était Tabou, moi je crois que tu ne l'as pas oublié.
— Très drôle, je n'en ai oublié aucun.

Will promenait Angel à son bras et ils passèrent de groupe ne groupe. Angel s'aperçu d'une chose. Presque toutes les femmes portaient un collier semblable à celui que Will avait mis à son cou avant son départ de la maison.

— ''Merde! Ne me dit pas. Il me promène comme son trophée.'' Rico.
— Oui Tabou.

Elle lui montra son collier du doigt.

— Tu aurais pu me le dire hein. Je n'aime pas vraiment être promené comme un trophée.

— Tabou, c'est la règle du jeu ici.
— Oui, mais tu aurais pu me préparer à ça. Tu recommences. Tu ne peux donc pas te passer de me faire toujours le même coup, c'est très frustrant. Je viens de réaliser que tu me prends pour une cruche.
— Ah non Angel! Je ne te prends pas pour une cruche voyons. Tu as raison, je suis désolé. Tu sais chaque année je me rends à ce gala et je visite aussi chacun de mes clubs au moins deux fois durant l'année. Je le fais à l'improviste pour m'assurer par moi-même que tout va bien. J'aimerais bien que tu fasses les visites avec moi maintenant. Je dois y passer la nuit et j'ai beaucoup négligé…depuis que je suis avec toi entre autres.
— Alors tu n'as pas de choix de les faire avec moi dans ce cas et je vais être obligé de te demander à chaque fois que nous sortons si tu as oublié de me dire quelque chose avant de partir de la maison.

Il lui sourit.

— Je savais que t'accepterais. Je t'aime, c'est pour cela que je suis fier de t'avoir à mon bras.
— Je n'ai pas de choix.
— Si tu veux enlever le collier, fais-le. Je ne t'aimerai pas moins.
— Suffit qu'il ait le plus beau, je vais le garder.

Depuis des mois qu'ils n'avaient impliqué personne dans leur relation sexuelle et ils étaient pleinement satisfaits de leur relation. Quelques jours plus tard, Noël approchait.

— Où veux-tu aller pour les vacances de Noël mon ange? Choisis la destination.
— Tu ne passes pas Noël avec ton père?
— Non. Nous ne passons pas les vacances de Noël ensemble depuis de lustres.
— Il passe les vacances seul?
— Oui, il est habitué et moi aussi. Mais moi je le passe souvent avec des amis. Il y a très longtemps que je pars dans en voyage pendant les vacances de Noël et lui il va toujours à la maison de campagne.

Angel le regardait sans comprendre.

— Alors si tu dis que je dois choisir la destination cette année, ce sera la maison de campagne.
— Pourquoi n'ai-je pas pensé que tu me répondrais ça?
— Ah! Ah! Ah! Touché.
— Tu veux vraiment aller dans la maison de campagne, au froid, dans la neige.
— Oui.
— Tu n'arrêteras donc jamais de me surprendre.

Elle l'embrassa et se repoussa de son étreinte les sourcils froncés.

— Mais on doit lui demander. Crois-tu qu'il acceptera?
— Pfff! Tu veux rire, il sautera de joie. Toi qui aimes les chiens, tu seras servie, madame, il en a quatre.
— Quatre chiens. Whouw! J'ai hâte d'y être. Quand partons-nous?

— Calme-toi, je vais croire que tu aimes les chiens plus que moi. Je dois terminer le plan sur lequel je travaille en ce moment. Je tenais à le faire moi-même celui-là. Alors je dois le finir pour la date prévue.
— Je pourrais t'aider.
— Oui, mais même avec ton aide mon ange, je crois que le mieux que nous pourrions faire sera pour la veille de Noël.
— Ça nous donne une semaine pour finir ce plan, faire le magasinage de Noël et faire nos bagages.
— Oui, je crois que nous pouvons y arriver.
— Mais Rico, où est située la maison de campagne?
— Ah! Ah! Ah! C'est là que tu le demandes hein. Elle est dans le Vermont…dans la neige.
— De la neige. Je n'en avais jamais vu.
— Hé mon ange, qu'est-ce que tu veux pour Noël toi?
— Je ne sais pas, j'ai tout ce que j'ai besoin, alors je te veux toi.
— Je t'aime petite coquine.
— Toi qu'est-ce que tu veux? Ton père lui tu as une idée à me donner?
— Moi, je t'ai toi, c'est mon plus beau cadeau.
— Je t'aime Rico.
— Moi aussi mon ange. Pour ce qui est de papa, c'est comme nous, il a tout.
— Bon, demain journée magasinage.
— Pas avec moi, je dois travailler sur ce plan.
— Non, je crois que je vais appeler Kelly.
— Hum.
— Quoi? Je ne peux pas te faire un cadeau si tu es avec moi.

— D'accord, je vais travailler sur le plan et tu vas faire les magasins avec Kelly.

Dans la soirée, ils travaillèrent ensemble sur le plan qui était promis pour avant Noël.

— J'arrête un peu, je suis crevé.
— Bien, je te rejoins bientôt.

Elle lui fit une bise et disparue. Elle descendit voir Ricardo et Shean. Ils étaient installés devant le téléviseur.

— Salut vous deux. Ricardo, je n'ai pas beaucoup de temps, mais j'ai besoin de te parler Ricardo.
— Bien, dis-moi tout.
— J'aimerais qu'il y ait un énorme miroir au-dessus de notre lit. Je voudrais faire en sorte qu'il soit installé quand nous nous trouverons à la maison de campagne de William.

Ricardo fit une drôle de grimace.

— Vous allez à la maison de campagne? Je suis estomaqué.

Elle lui fit son plus beau sourire taquin.

— Pourquoi cette grimace?
— Rico accepte d'aller à la maison de campagne. Ça, c'est une bonne nouvelle. Je crois que tu la finalement rendu

normal après tout. C'est merveilleux Angel. Je m'occupe de ta demande et je te tiens au courant.

Elle remonta voir Rico pour savoir s'il avait besoin de quelque chose.

— Tu peux me servir un verre, j'ai terminé moi aussi pour ce soir.

Le lendemain, Angel attendait Kelly pour leur journée magasinage.

— Hé! Je suis contente de te revoir Kelly.
— Moi aussi. Nous ne devrions pas laisser autant de temps passer entre nos rencontres.
— Je suis bien d'accord.
— Alors par où commençons-nous?
— J'ai besoin d'un pyjama, disons respectueux.

Kelly partit d'un rire fou.

— Quoi? Rico ne te laissera jamais porter ça.
— Nous partons pour la maison de campagne pour les vacances de Noël. Son père sera là, alors je dois avoir un pyjama convenable et des vêtements chauds.
— Très bien. Alors tu veux un pyjama à carreaux avec les boutons à l'avant et tout et tout?
— Ne rigole pas.

Elles partirent d'un rire fou.

— Qu'est-ce que tu offres à Dylan toi?
— Je n'ai toujours pas trouvé. Toi à Will?
— Tu vas être jalouse.
— Dis-moi Angel.
— Je fais installer un gigantesque miroir à notre plafond, au-dessus du lit bien sûr.
— Bien sûr. Whouaw! Mais quelle bonne idée! Je suis effectivement jalouse. Mais j'ai quelque chose qui va aussi te rendre jalouse.
— Quoi?
— Nous annonçons la date de notre mariage. Je suis si heureuse Angel.

Angel la prit dans ses bras.

— C'est merveilleux. Quelle sera la date? Je peux savoir?
— Dylan voudrait que ce soit à la Saint-Valentin, la journée des amoureux. Quelle femme aurait dit non?
— Alors nous y serons.
— Tu ferais mieux oui, parce que tu es ma fille d'honneur et Will garçon d'honneur.
— Merci Kelly.
— Angel, je voulais aussi te dire que nous sommes à travailler sur notre cas pour nous passer de cette drogue…la drogue du sexe avec plusieurs partenaires, tu vois ce que je veux dire. Dylan et moi avons beaucoup discuté avant de choisir la date finale de notre mariage et nous voulons fonder une famille. Nous ne croyons pas qu'enfant et partage du

sexe soient une bonne union. Nous garderons la soumission que nous aimons tous les deux, mais plus de partage.
— Je suis contente pour vous deux, tu verras ça vous passera. Félicitation pour vous deux. Là il me reste à trouver quelque chose pour Ricardo, Shean et William.
— Qui est William?
— Ah! C'est le père de Will. En réalité Will s'appelle aussi William.
— Moi il me reste beaucoup plus de présents à trouver que toi et pour aujourd'hui, je dois vraiment retourner chez moi. On se reparle et évite de vider les magasins.
— Oui, dis à Dylan que je l'embrasse.

Kelly partie de son côté et Angel n'était pas satisfaite de sa journée. Elle aurait voulu faire beaucoup plus. Elle décida de s'occuper du cadeau de Ricardo et Shean. Ce serait plus facile que William.

— ''Ça y'est, je l'ai, je vais refaire leur salle télé.''

Elle arriva au magasin de meuble et opta pour un énorme téléviseur, cinéma maison, canapé avec trois places individuelles et inclinables. Entre chaque place, il y avait une minuscule table et un porte-verre. C'était le cadeau parfait pour ces deux-là.

Elle fit livrer le tout pour le matin du 24 décembre. Elle avait demandé d'inclure une enveloppe avec la livraison. Elle demanda du papier et une enveloppe et écrivit une note.

En direction de la sortie, elle vit un lit à baldaquin pour installer dehors sur une terrasse, avec matelas, coussin et voiles pour faire le tour du lit. Elle avait su un peu plus tôt dans le mois que c'était la fête de Will le lendemain. Elle avait pensé lui trouver un bijou, mais là, avec ce lit, ses idées n'étaient plus claires.

Elle retourna sur ses pas et retrouva le vendeur qui venait de lui vendre l'ensemble cinéma. Elle dut négocier pendant plusieurs minutes pour réussir à avoir ce lit livré chez Will le lendemain.

— J'espère que vous n'êtes pas avocate vous? Si oui, je ne voudrais pas être contre vous.

Elle lui sourit. Elle l'avait fait travailler très fort pour avoir satisfaction.

— Merci, vous avez été très patient avec moi et je suis architecte en passant.
— Ouf! Bonne journée et nos livreurs serons là à midi juste.
— Merci.

Maintenant, elle se demandait comment lui présenter le lit. Juste comme cela ou elle sur le lit à l'attendre.

— ''Oui, certainement avec moi dans une tenue assez spéciale.''

MON ANGE GARDIEN D'AMOUR

Avant de passer à l'achat de la tenue, elle décida d'appeler Ricardo, ce serait plus facile pour discute avec lui.

— Ricardo, tu as une minute seule?
— Oui Angel, toujours pour toi. Comment puis-je t'aider?
— Je dois prévoir une sortie demain pour l'heure du midi. À midi juste, il y aura une livraison. J'ai acheté un nouveau lit pour la terrasse. Alors il faut déplacer l'autre.
— Hum, hum.

Elle entendit parler Will.

— Ah! Will vient d'arriver c'est ça?
— Oui. Il veut savoir ce que tu me veux?
— Ah! Ah! Ah! Passe-le-moi.

Il passa l'appareil à Will.

— Salut mon ange, mais où es-tu?
— Je suis toujours à faire nos emplettes de Noël.
— Encore!
— Oui et demain, j'aimerais être responsable de la journée de ta fête.
— Comment sais-tu ça toi?
— Qu'est-ce qu'on peut trouver sur internet hein.
— Coquine. Tu n'as pas besoin de faire rien de spécial, tu sais. N'oublie pas que c'est toi mon cadeau en tout temps.
— Ma vie va être si facile avec toi...je suis toujours ton cadeau. Je peux te dire que demain nous partirons en bateau

vers 10h00, disons et nous reviendrons à la maison pour un souper aux chandelles. Ça te va?
— Oui mon ange.
— Oh! J'oubliai ton père, nous devons l'inviter pour dîner avec nous sur le bateau.
— Tu as fini là?
— Oui, je t'aime mon amour.
— Moi qui croyais que nous avions un plan urgent à finir. Je n'avais pas prévu arrêter pour une journée entière.
— Nous travaillerons plus fort le lendemain. C'est ta fête, donc pas de travail.
— Je ne semble avoir aucun choix. Quelle heure reviens-tu?
— J'en ai pour quelques heures encore.
— Bien, je t'attends ici.
— Dit à Ricardo d'inviter ton père.
— Très bien.

Elle se rendit dans une boutique de lingerie pour y trouver ce qu'elle cherchait. Il y avait des ensembles incroyablement adorables dans cette boutique.

— Bonjour madame, comment pouvons-nous vous aider aujourd'hui?
— Bonjour. Je voudrais acheter quelques ensembles.

Elle lui expliqua ce qu'elle avait en tête et la dame la dirigea dans un salon privé.

— Installez-vous ici. Voulez-vous quelque chose à boire? Café, eau, vin, champagne?

— Ah! Ce serait bien. Va pour le champagne s'il vous plaît.
— Puis-je avoir votre nom de famille, madame?
— Harrisson.
— Bien, les filles vont commencer le défilé maintenant. Quand vous avez une tenue qui vous plaît, faites-le-nous savoir.
— C'est bien. Merci.

Angel n'en revenait pas de la beauté des tenues qui défilaient devant elle.

— ''Merde! Dans quoi me suis-je mis les pieds? Je ne sais plus quelle choisir.''

Elle devait pourtant choisir.

— Voulez-vous les revoir toutes défiler à nouveau Mme Harrisson?

— Non ça va. Je vais prendre les cinq ensembles pour lesquelles j'avais de l'intérêt.
— Puis-je avoir votre carte, Mme Harrison?
— J'aimerais payer comptent, avec une carte de guichet.
— Désolé Mme Harrisson, nous n'acceptons que les cartes de crédit ou les comptes qui sont ouverts ici à notre boutique.
— ''OK suis-je conne ou quoi? Une boutique qui n'accepte aucun argent comptant. Non, mais je rêve.'' Vous me donnez une minute.

La dame pinça les lèvres.

— Oui, certainement madame.

Elle décida d'appeler Ricardo à son secours.

— Ricardo, je me suis mis les pieds dans les plats.

Elle l'entendit rire.

— Impossible, toi?
— Arrête.

— Où es-tu? Je vais aller te chercher tout de suite.
— Mais je ne veux pas que tu viennes me chercher. J'ai fait des achats dans une boutique de lingerie, mais incroyable, ils n'acceptent pas les cartes bancaires. Je dois payer par carte de crédit.
— Ce n'est que ça?
— Mais c'est une somme phénoménale Ricardo, je ne peux pas payer. Tu pourrais payer pour moi.

Il partit à rire.

MON ANGE GARDIEN D'AMOUR

— Donne-moi le nom de la boutique et dans cinq minutes, tu partiras avec tes achats en main ou tu peux aussi les faire livrer.
— Vraiment. Je pourrais me sauver aussi.

Ils rirent tous les deux.

— Donne-moi le nom Angel.
— Le nom, oui.

Elle se retourna et vit le nom de la boutique.

— Merde! Le nom, c'est Angel.

Ricardo parti d'un fou rire il en avait mal aux côtes.

— Angel, tu me fais mourir de rire. Tu es incroyable, il n'y a que toi pour te mettre dans des situations cocasses comme cela. Cinq minutes et tout est réglé.
— Merci Ricardo.
— Je suis là pour ça Angel.

Il fit le nécessaire et le grand sourire de la vendeuse était revenu.

— Vous voulez qu'on livre le tout, Mme Harrisson?
— J'ai ma voiture, je les prends avec moi. Merci.

Elle insista pour apporter ses paquets jusqu'à la voiture.

Angel arriva à l'appartement avec les mains chargées de boîtes et de sacs.

— Mais qu'est-ce que tu fais là mon ange?
— Ricardo et Shean sont là pour ça.
— Je crois avoir assez abusé de Ricardo pour aujourd'hui.

Ricardo était derrière elle.

— Non Angel, je suis là pour ça.
— Ne m'appelez plus comme ça, je ne veux plus entendre ce nom pour aujourd'hui.

Will regarda Angel perplexe et Ricardo se remettait à rire. Elle passa près de lui et lui asséna une tape amicale sur l'épaule.

— Toi Will, tu n'as aucun droit de regarder dans ses sacs.
— Très bien, tu as gagné. Je te laisse tout apporter dans la chambre seule. Toi Ricardo, tu peux m'expliquer ce qu'il y de si drôle.

Angel prit la parole pour répondre à sa place.

— Ah! C'est de ma faute. J'ai été un peu bête aujourd'hui.
— Cocasse plutôt.
— Je suis passée acheter de la lingerie dans un grand magasin. La boutique porte le nom Angel.

Ils partirent tous à rire. Chaque fois que Ricardo la voyait cette journée-là, il partait à rire.

— Rico chéri, il y a une chose que je ne t'ai pas dite.
— Aussi drôle que le nom de ta boutique?
— Non, dramatique plus tôt.
— Viens ici mon ange.

Elle vient s'asseoir sur ses genoux et lui passa les bras autour du cou.

— Je ne pouvais payer à la boutique aujourd'hui, c'était très humiliant, j'avais envie de me sauver. Mais ce n'était pas parce que je n'avais pas l'argent, mais parce qu'on ne pouvait que porter sur un compte ou payer avec une carte de crédit. J'ai fait appel à Ricardo. Mais je vais faire un transfert bancaire pour te repayer.
— Jamais mon ange, jamais. J'aurais dû même t'avoir amené dans ces boutiques moi-même depuis longtemps.
— Je ne veux plus jamais y retourner et je vais repayer Ricardo pour qu'il ajuste cela dans ton compte.
— Ne parlons plus de ça tu veux bien?
— Gagné pour ce soir. Nous devrions plutôt parler d'un cadeau pour ton père.
— Pour mon père, mais je t'ai dit qu'il avait tout. Je crois que notre présence avec lui sera le plus beau cadeau que nous lui aurons fait.
— Non, ne me dis pas que tu ne fais pas de cadeau à personne pour Noël?

— Bof! Je donne bien une enveloppe à certain de mes employés et crois-moi ils ne sont pas fâchés du tout.
— C'est pathétique ça. Moi je dois lui trouver quelque chose, alors parle-moi un peu de lui. Je sais qu'il a un chalet et quatre chiens.
— ''Un chalet!'' Oui mon ange, il a une maison de campagne et quatre chiens.
— ''Hum, il n'a pas aimé le terme chalet.'' Oui, O.K.

Il lui parla quelques minutes de son père, mais elle s'aperçut qu'il ouvrait doucement les boutons de sa chemise. Elle sentit une chaleur l'envahir au contact de ses doigts sur sa peau et voilà que William était complètement oublié. Elle prit ses lèvres et se perdit en lui.

Le lendemain matin, Ricardo avait préparé le déjeuner préféré de Will. C'est elle qui lui avait apporté au lit. Ensuite ils partirent pour le bateau où William les rejoignit pour le dîner. Ricardo l'avait invité et lui avait dit que c'était pour la fête de Will.

— Ricardo j'aimerais que tu dînes avec nous pour aujourd'hui.

— Celui-ci regarda Will qui lui fit signe que oui. Shean était resté à l'appartement pour attendre les livreurs.

Après avoir terminé leur dîner, Ricardo servit le gâteau préféré de Will et William glissa une enveloppe sur la table.

— Pour toi mon fils.
— Merci papa.
— Tu ne l'ouvres pas?

Will fit une grimace et souriait à Angel.

— Mon père m'offre toujours des actions mon ange.
— Ouvre mon garçon.

Will resta surpris.

— Si vous vous mettez à deux contre moi, je vais devoir l'ouvrir.

Il ouvrit l'enveloppe et prit connaissance que son père lui donnait tous les droits sur les deux entreprises qu'ils appartenaient ensemble.

— Mais papa…
— Je n'ai plus besoin de ça mon fils, c'est à toi maintenant.
— Merci papa, merci beaucoup. D'avoir la firme à mon nom est très touchant pour moi. Merci encore.
— Bon, c'est à toi maintenant de faire un fils et je crois que tu es prêt.
— Ou une fille William.
— Ah! Ah! Ah! Oui Angel, tu as raison, ou une jolie fille comme toi.
— Merci.

Angel se sentait un peu mal. Elle n'aurait pas dû s'interposer dans leur conversation.

— William, Will me disait que vous alliez à votre maison de campagne pour les vacances de Noël.
— Oui, comme à chaque année.
— Papa, tu voudrais de la compagnie cette année?

William regarda son fils, il ne parlait plus, mais ses yeux devinrent brillants. Finalement il fit signe que oui de la tête et réussit à se lever et s'excusa.

— Qu'est-ce qu'il a Will?
— Hum, je crois qu'il est ému. Ça doit faire plus de dix ans que je ne me suis pas rendu à la maison de campagne. Je n'y suis pas retourné après la mort de ma mère.

Angel mit sa main sur son bras en signe de compassion.

— Quand il va revenir, je vais aller faire un tour sur le pont arrière. Cela vous donnera le temps de parler un peu. Prenez quelques minutes ensemble.

— Il n'y a rien à dire mon ange.
— Will, je vous laisse quand même quelques minutes.

William revenait.

— Bon, vous allez devoir m'excuser quelques minutes.

Elle alla sur le pont arrière et Ricardo retourna en cuisine.

— Will, Angel est merveilleuse. Elle est la meilleure chose qu'il pouvait t'arriver.
— C'est la première femme qui reste elle-même, que l'argent ne change pas. Elle est d'un naturel cette femme. Elle me fait rire, je ne peux plus me passer d'elle. Elle n'a pas peur de me parler, de me dire la vérité.
— Oui et c'est exactement ce que j'aime chez elle. Elle reste naturelle. Elle ne joue pas la comédie comme les autres qui sont des vipères autour de nous.
— Tu as raison.
— Alors, c'est elle qui te force à venir passer les vacances à la maison de champagne?

Will sourit.

— Non. Elle m'a eu. Elle sait très bien comment m'avoir. Je lui ai dit que c'était elle qui devait choisir notre destination pour les vacances. Je suis heureux qu'elle ait choisi le la maison de campagne finalement. J'ai hâte qu'elle voie la maison où j'ai grandi.
— J'ai très hâte d'y être dans ce cas.
— Moi aussi papa. Je vais la demander en mariage, chez-toi à Noël.

Son père le prit dans ses bras.

— Je suis le père le plus heureux de voir que mon fils a enfin trouvé le bonheur.

— Elle porte bien son nom papa, elle est un ange.

Sur le chemin du retour, Angel semblait excité.

— Quelque chose te tracasse?
— Non. Je vais aller me rafraichir avant d'aller sur la terrasse prendre notre repas d'amoureux. N'oublie pas, tu ne peux monter sans moi.
— Très bien.

Il la prit dans ses bras et l'embrassa.

— Tu veux un verre?
— Non, je vais en prendre un sur la terrasse.

Elle disparut et monta sur la terrasse pour voir le lit. Ricardo montait lui aussi pour voir le résultat et si tout était prêt.

— Whouaw Ricardo! C'est merveilleux. Tu diras merci à Shean.
— Regarde.

Il y avait des lumières sous le lit. Ceux-ci envoyaient une douce clarté tamisée.

— Je suis très contente de mon achat. Je crois qu'il va aimer.
— Oui, il va adorer Angel. Tu sais, je crois que c'est la première fois que je le vois fêter son anniversaire.

Elle alla se doucher et se changer pour ensuite monter finir de se préparer sur la terrasse. Elle alluma les lumières sous le lit, laissa aller les voiles autour du lit qui volèrent légèrement au vent et elle alluma les chandelles et les lumières de la piscine.

— Que fais-tu?
— Je te surveille. Tu ne peux pas monter avant qu'Angel donne le signal.
— Tu me surveilles vraiment. Travailles-tu encore pour moi ou pour Angel?
— Ah! Ah! Ah! Si tu continues à me payer, je vais dire pour elle.
— Très bien je serai dans le salon.

Angel avait terminé. Elle avait choisi l'ensemble rouge feu qui comprenait un soutien-gorge, un string et des porte-jarretières. Les voiles du lit étaient blanches et le matelas était blanc avec comme dessin, des roses rouges. Elle versa du champagne dans les deux coupes et s'installa sur le lit.

— Envoie-moi cet homme.

Shean sourit.

— Tout de suite, bonne soirée.

Will sortit sur la terrasse et admira le décor tout en cherchant son bel ange. Elle était là sur le nouveau lit qu'il vit à peine tellement la vue d'Angel dans ce décor lui coupait le souffle.

— Mon ange.

Il lui sourit et s'approcha doucement du lit. Elle lui tendit sa coupe de champagne et se mordit la lèvre inférieure.

— Tu aimes?
— C'est merveilleux, mais le plus beau est le spectacle de te voir dans ce décor.
— Alors vient me rejoindre que je te souhaite joyeux anniversaire.
— Il s'installa près d'elle.

Elle l'embrassa tendrement.

— Je t'aime.
— J'adore le nouveau lit mon ange. Merci.
— Je suis contente que tu aimes.
— Ce sont ces petits bouts de dentelles qui t'ont donné tant de problèmes?
— Oui, mais je crois que cela en valait la peine.
— Tu m'enlèves les mots de la bouche. Absolument. Le plus beau sur cette terrasse reste ton corps sur ce lit mon ange.

Il passa les mains sur ses seins, glissa jusqu'à sa petite culotte et ses porte-jarretière. Il remonta sa main par le même chemin jusqu'à ses lèvres qu'il caressa et l'embrassa.

MON ANGE GARDIEN D'AMOUR

— Tu veux manger ou faire l'amour?
— Hum, quelle question! Toi que veux-tu?
— C'est toi et toi seul qui décidez du déroulement du reste de la soirée…et de la nuit.
— Il m'est impossible de choisir autre chose que ton corps.
— C'est exactement pourquoi j'ai demandé des plats froids pour ce soir.

À la demande d'Angel, Shean avait sorti tous les jouets sexuels. Will regarda la piscine et vit que l'eau avait été colorée rouge pour l'occasion et il vit les jouets étalés de son côté du lit.

Il embrassa Angel sur tout le corps et remonta vers son cou. Il mordilla son oreille en lui chuchotant un merci pour le cadeau et son corps.

— Tu sais mon ange, un jour tu m'as fait faire une chose qui m'a demandé beaucoup de courage à faire devant toi.

Elle essayait de penser, mais ne trouvait pas.

— J'ai dû faire quelque chose à Ricardo pour toi, pour tes désirs les plus fous.
— Ah! Alors tu veux…mais je croyais que nous ne restions que tous les deux.
— Oui mon ange, je sais, mais ça je crois que tu me le dois. J'ai aussi des désirs, tu sais. Je veux te voir un jour avec

une femme. Tu crois que tu es prête à faire cet effort pour moi?

Elle ferma les yeux et voyait Kelly. Elle n'avait jamais osé le dire, mais elle avait eue des pensées de qu'est-ce que Rico lui demandait aujourd'hui. Elle savait que cela viendrait.

— Tu les as déjà invités?
— Non, j'ai respecté de t'en parler avant. Mais si tu acceptes, je n'ai qu'un appel à faire et nous pourrions manger en les attendant pour commencer à nous amuser. Il y a tellement d'énergie sur cette terrasse ce soir que nous pourrions partager.

Il la regarda pour voir sa réaction.

— Mon ange, ne le fais pas si tu crois que tu ne peux pas.
— Je crois que je suis prête à te donner ce cadeau, puisque tu m'as donné le mien. Par contre Rico, je ne suis pas certaine de vouloir faire de cette chose une habitude.
— Je suis bien d'accord.
— Avec qui voudrais-tu que cela se passe?
— Kelly bien sûr. Elle a très souvent les yeux sur toi et cela m'excite un peu. Alors je crois que cela lui ferait aussi plaisir.
— Alors, fais-toi plaisir mon amour.
— Avant que je passe l'appel, nous allons nous accorder sur une chose.
— Laquelle Rico.
— Si pendant tout cela tu veux arrêter, tu arrêtes c'est compris.

— Oui, merci.

Leurs invités arrivèrent dans l'heure qui suivit. Kelly regardait Angel pour chercher son accord à tout ça. Elle avait besoin de savoir qu'elle ne se sentait pas forcée de le faire. Elle décida de la prendre à part et de lui parler.

— Angel, pourquoi nous avoir invités?
— Pour la fête de Rico. Il m'a fait une demande que je ne pouvais lui refuser.
— Mais je croyais qu'après l'incident du restaurant que tu ne ferais plus jamais ça et que vous aviez arrêté le partage.
— Oui, mais nous avons décidé de faire une exception pour cette fois seulement. Et pour vous deux c'est voulu ou pas?
— Pareil pour nous. On se le permet à l'occasion.
— Ce soir Kelly, ce sera spécial. Disons que Rico m'a donné un jour une de mes demandes très spéciales et qu'aujourd'hui c'est à moi de lui donner. Mais Kelly, je dois te dire que cela te concerne et…que j'ai…j'ai toujours voulu en faire l'expérience. Je crois que j'avais peur de détruire notre amitié, maintenant je sais que rien ne sera détruit. Kelly. C'est probablement une chose que je ne referai jamais. Une fois dans ma vie et c'est tout. Je ne compte pas l'incident du restaurant, car ce n'était vraiment…hum…pas complet.

Kelly s'approcha d'Angel et lui mit une main sur la hanche et l'autre sur la joue.

— Nous ne laisserons jamais rien ni personne détruire notre amitié.

Elles se sourirent et se firent une accolade. Rico les regardait et son corps réagissait déjà.

— Ça va les filles?
— Oui, Kelly et moi allons dans la piscine. Vous pourriez nous apporter à boire?
— Tu es en beauté avec cette lingerie Angel.
— Merci Kelly.

Elle sourit.

— Attends que je te raconte comment je l'ai eu. Quelle galère ces boutiques de riches.
— Ah! Ah! Ah! Tu es adorable. Je me demande si un jour tu t'habitueras.
— Si Ricardo reste à ma disposition, il me sauvera toujours.

Rico s'approcha d'elles et leur donna les verres puis il embrassa Angel langoureusement.

— Approche-toi, je vais t'enlever ta lingerie mon ange.

Dylan fit la même chose et déshabilla Kelly. Ils caressaient leur femme. Les filles entrèrent nues dans la piscine.

— Avec ses lumières rouges au fond de l'eau, vous avez l'ère de deux déesses.
— Pardon messieurs, nous le sommes.

Ils partirent tous à rire. Ceci aida à détendre l'atmosphère.

Rico se déshabilla et s'installa sur le bord de la piscine en laissa ses pieds dans l'eau et Dylan suivit son exemple.

— Tu t'amuses mon ange?
— Oui, mais n'oublie pas que ce corps est à ta disposition ce soir et qu'il attend tes ordres. Ça te plairait de me dicter mes actes ou tu préfères que je m'en occupe?

Rico regarda Dylan.

— Qu'est-ce que tu penses si on commence avec eux et qu'ensuite on les laissera s'amuser?
— Scénario très intéressant, car j'ai déjà besoin d'être soulagé juste à penser au spectacle qu'elles nous donneront.
— Bien d'accord.

Ils entrèrent dans la piscine pour prendre leur femme. Ils se soulagèrent mutuellement et ensuite Angel savait ce qu'elle devait et voulait faire.

— Tu veux voir une femme attachée dans la piscine?
— Oui mon Ange, je me sens déjà exploser.

Elle l'embrassa avant de se diriger vers Kelly.

— Tu veux toujours Kelly?
— Oui certainement.

Celle-ci s'avança pour l'embrasser. Puis Angel prit doucement les cordes et attacha Kelly dans la piscine. Elle la fit jouir et ensuite Rico lui demanda de venir la voir. Il la porta jusqu'au lit pendant que Dylan détachait Kelly.

— Tu as été merveilleuse ma chérie. Maintenant je n'en peux plus, c'est toi que je veux voir jouir sous ses caresses. Je veux qu'elle te fasse tout, qu'elle te fasse crier et quand tu crieras, je viendrai te pénétrer.
— Ah oui Rico.

Il embrassa à nouveau et fit signe à Kelly de la rejoindre. Il enfila un drap de bain et s'installa sur un canapé pour bien les voir. Dylan le suivit.

Au moment opportun, il alla rejoindre Angel et Kelly retourna dans la piscine avec Dylan. Rico la fit jouir au maximum. Ensuite Dylan et Kelly partirent.

— Enfin seul. Viens sur le lit mon ange.

Il lui fit l'amour à nouveau très doucement en la remerciant pour son cadeau. Ils s'endormirent dans les bras l'un de l'autre. Quand elle s'éveilla, elle était dos à lui et il lui caressait ses cheveux.

MON ANGE GARDIEN D'AMOUR

— Salut mon ange.
— Comment savais-tu que j'étais éveillé?
— Ta respiration a changé.

Elle tourna la tête pour l'embrasser. Ils prirent leur déjeuner au lit et Will voulait discuter avec elle.

— Tu sais mon ange, hier était un beau spectacle, mais je n'ai jamais été jaloux d'une femme et j'ai senti comme une rage en moi et je ne veux plus te partager…jamais.

Angel sentit un soulagement énorme s'envoler de sa poitrine. Elle avait peur qu'il lui demande de recommencer l'expérience.

— Je suis du même avis que toi. Jamais plus personne ne devrait te voir nu autre que moi.
— Merci pour mon cadeau. Je parle du lit et de la lingerie.
— C'était un plaisir, mais la prochaine fois pour la lingerie, tu viens avec moi.
— Promis.

Il lui sourit.

— Le lit est vraiment une merveille. Tu as les meilleures idées toi. Je te donne tous les cadeaux à faire à partir d'aujourd'hui. Je me réserve le droit aux tiens naturellement.

Angel le regarda et lui fit un sourire espiègle.

— Quoi?
— J'ai déjà réussi à faire tous mes cadeaux de Noël et je suis très fière de moi. Mais Dieu merci que nous avons Ricardo.
— Ah! Je ne suis qu'un imbécile. J'ai trop tardé pour mettre une carte de crédit à ton nom.
— Will, tu m'as déjà donné dix mille dollars. C'est plus qu'assez. Aussi, je dois te repayer la lingerie.
— Angel, non. J'ai tellement d'argent à n'en plus savoir quoi faire, alors ce n'était rien, juste un plaisir.
— Bon, n'en parlons plus. Ça m'agace.

Ils partirent pour les vacances à la maison de campagne. Angel était assurée d'avoir trouvé le cadeau parfait pour Will et William. Elle n'avait pût résister et demander deux cadres identiques pour mettre les photos. Ils seraient livrés ce midi dans le Vermont.

Quand ils arrivèrent et qu'elle vit la maison, elle en resta bouche bée.

— Je comprends maintenant pourquoi tu me reprends quand je dis le chalet.

Il sourit.

— Ce n'est que là que tu as compris?
— Hé oui.
— Entrons.

MON ANGE GARDIEN D'AMOUR

William les attendait sur le porche. Il se leva pour les accueillir. Comme prévu, à midi le livreur tant attendu par Angel arriva. Will et William transportèrent les cadres au salon. Ils étaient enveloppés comme Angel l'avait demandé.

— Qu'est-ce qu'il y a mon ange?
— Je trouve que ce n'est pas Noël sans sapin.
— Ce ne sont que des habitudes.
— Désolé, j'aurais dû m'occuper de cela, mais quand Will était petit, sa mère en décorait toujours un avec lui. Alors j'ai pensé vous attendre.
— Quelle bonne idée. Merci William. Allons tous chercher l'arbre. Vous avez des décorations?
— Oui, ils sont quelque part.

Will regardait son petit ange, si heureuse, si souriante. Il l'aimait vraiment de tout cœur, vivre sans elle était devenu impossible.

— Papa, tu sais ce que tu vas déclencher là?

Il riait de bon cœur. Il était assuré qu'Angel ramènerait la joie dans cette maison.

— Oui je crois que oui. C'est très bien ainsi. Il est temps que cette maison retrouve la vie. Viens mon garçon.
— Quand Ricardo et Shean vont-ils nous rejoindre?
— Dans la soirée.
— Alors, allons-y.

À leur retour, ils entrèrent le sapin pour l'installer au salon et partirent tous à la recherche aux décorations.

— Will savait où sa mère les entreposait. Il les laissa s'amuser un peu à les chercher puis se décida à les y conduire.

— Coquin, tu savais hein?

Il sourit.

— Oui. Je les sortais chaque année pour maman.
— Bon, décorez-moi cette maison et je vais m'occuper du repas.
— Non, Zola s'en occupe.
— Va-t-elle faire un repas traditionnel?

William fit la grimace.

— Non pas vraiment, elle a commandé du traiteur.
— Que diriez-vous si je préparais un repas traditionnel et que nous mangions celui du traiteur demain?

William regarda Will pour l'aider, mais celui-ci fit signe de la main qu'il n'entrait pas en négociation avec Angel.

— Ah non! Ne me regarde pas. Quand Angel a une idée en tête, je n'essaie même plus de la dissuader. Ricardo et Shean t'aideront mon ange.
— Vous êtes d'accord William?

— Certainement mon enfant, mais je ne veux pas que tu te donnes toute cette peine.
— Aucun problème, mais plutôt une joie.

Elle fit l'inventaire de la cuisine et s'aperçut que les hommes étaient toujours à jaser dans la cuisine.

— Allez, allez les garçons. Les décorations!

Quand Ricardo arriva, Angel et William allèrent l'accueillir. Il leur annonça que Shean avait eu un empêchement. Elle l'envoya aussitôt chercher ce qui lui manquait pour le repas. Will était toujours à s'occuper des décorations dehors et Angel resta seule avec William. Elle l'invita à s'asseoir avec elle sur le canapé.

— William, j'espère que je ne bouleverse pas trop votre monde?
— Angel, tu es la meilleure chose qui nous soit arrivée mon enfant. Tu es comme un rayon de soleil. Tu réchauffes la vie de mon fils et la mienne par la même occasion.
— Pareil pour vous deux. Vous êtes ma famille.

Elle entendit aboyer.

— Oh! Ce sont les chiens?
— Oui, j'ai une personne qui les garde. Ce n'est pas tout le monde qui apprécie quatre chiens, mais Will m'a dit que tu étais impatiente de les voir alors je lui ai demandé d'ouvrir la clôture. Ils savent quand je suis là.

Quelques minutes plus tard, quatre chiens entrèrent dans la maison.

— Ils sont magnifiques William.

Will entra pour se réchauffer et voir les chiens. Ricardo était de retour et tous avaient une occupation quelque part dans la maison. Will décora le sapin avec son père, Ricardo aidait Angel avec le repas.

Ricardo se mit à l'écart pour prendre un appel. Il revint avec le sourire.

— Shean va pouvoir nous rejoindre.
— Super, la famille sera au grand complet.

Quand Will qui arrivait dans la cuisine l'entendit dire cela, son cœur explosa. Il alla la prendre dans ses bras et l'embrassa tendrement.

— Qu'est-ce que tu as dit mon ange?
— Nous serons la famille au complet?
— Oui. Papa, Ricardo, Shean, toi et moi, c'est ça ta famille mon ange?
— Et les quatre chiens.
— Oh oui! Suis-je bête d'avoir oublié les chiens?

Elle souriait. Il se pencha pour l'embrasser et Angel le repoussa pour appeler tout le monde à table.

— Où as-tu appris à cuisiner comme ça?

Elle lui parla du restaurant et de sa voisine qui les recevait souvent à Noël après que son père ne soit plus là. Elle allait toujours l'aider à préparer le repas.

— À quelle heure allons-nous ouvrir nos cadeaux?

Will la regarda avec un air surpris.

— Mais…mais demain Angel, en se levant.
— Ah! C'est bien. Mais on ne se lève pas tous à la même heure. Comment on fait, on attend après le dernier soit levé?

William se leva et prit la parole.

— Je crois que nous devrions les ouvrir ce soir. Nous sommes tous très excités et ce sera bien.

Will fit de gros yeux à son père. Celui-ci arqua les sourcils.

— Ne me dis pas que tu ne peux pas arranger ça Will.
— Bon très bien. Je dois faire un appel avant que nous commencions.

Ils se rendirent tous au salon.

— Par qui commençons-nous?

Ricardo se leva.

— Ce doit être Shean et moi puisque nous avons reçu votre cadeau ce matin.
— Quel cadeau?
— Mais de toi et Angel.
— Ah! Madame Angel, auriez-vous oublié de me dire quelque chose?
— Oups!

Ricardo leur expliqua la belle surprise qu'on leur avait livrée le matin même.

— Je dois ajouter que j'ai choisi le canapé à trois places parce que quand Will travaille, je vais chez Ricardo et Shean et nous regardons de vieux films.

Ils partirent tous à rire.

— Très bien Ricardo. Commence alors.

Ils donnèrent à Angel une collection de vieux films. Angel tendit le cadeau à William.

— Maintenant, je crois que c'est à notre hôte de recevoir son cadeau.

William ouvrit une des peintures. Il en avait les larmes aux yeux.

— Merci ma chérie. Tu es une femme qui sait toucher le cœur de tous ceux qui t'entourent. Je n'aurai jamais un plus beau cadeau que celui que tu viens de me faire.
— C'est encore à mon tour à donner?
— Tu ne veux pas ouvrir le tien?
— Non, je veux te donner le tien.
— Non, non, ne triche pas. Ouvre le tien.

Elle ouvrit la boîte et découvrit un collier d'émeraudes.

— Comme la couleur de tes yeux mon ange.

Elle se leva pour l'embrasser, elle en avait les larmes aux yeux.

— Assez, assez les larmes.

Ils partirent à rire. Will donna une enveloppe à Ricardo et une à Shean. Will alla ensuite ouvrir sa peinture qui était la même que son père. Un portrait peint de son père, sa mère et lui étant jeune. Il n'aurait pas su quoi faire de cela un an plus tôt, mais maintenant il l'appréciait, il était prêt à recevoir un tel cadeau.

— Ouvre celui-ci maintenant. Il est aussi à toi, j'espère que tu l'aimeras?

Il ouvrit et découvrit une peinture, mais d'Angel, le premier soir qu'il l'avait vu dans sa robe couleur émeraude et qu'il était tombé sous le charme. Will la prit immédiatement dans ses bras et la serra fort. Il nicha sa tête quelques instants dans le cou d'Angel. Il était ému. Ricardo voulut détendre l'atmosphère un peu.

— On dirait que c'est un Noël émeraude cette année. Tes beaux yeux sont émeraude, ainsi que tes perles et maintenant cette magnifique peinture.

— Celui-ci sera dans notre chambre.
— J'approuve Will.

Il la reprit dans ses bras et l'embrassa à nouveau.

— Hum, hum.
— Très bien, très bien. J'ai compris. Mon ange, tu es si belle. J'ai encore le souffle coupé à te regarder sur cette peinture.

On sonnait à la porte.

— Reste ici mon ange. Vous deux enlevez les peintures de là.

Angel bavardait avec William et Will alla déposer un chiot sur ses genoux.

— Oh Will! Il est à moi? Je vais pouvoir l'amener avec moi?
— Oui, partout où tu voudras.

— Merci Will, il est si beau et si doux.

Elle sentit soudain la bague dans le cou du chiot. Elle regarda et avala difficilement, les larmes lui coula sur les joues. Maintenant Will se mettait à genoux devant elle. Il défit la bague de son attache.

— Je t'aime mon ange. Veux-tu être ma femme à tout jamais?

Elle faisait signe que oui, mais elle n'arrivait pas à sortir un mot de sa bouche. Will mit la bague à son doigt et passa les pouces sur ses larmes en souriant et il l'embrassa tendrement.

— Ils s'embrassent toujours ces deux-là?
— On arrête, on arrête.
— Je t'aime Will. Tu feras un merveilleux époux.

Elle se blottit dans son cou et lui chuchota qu'elle ne pourrait plus vivre sans Will et Rico. Il resserra son étreinte.

— Alors c'est oui?
— Mais oui, oui, oui.

Tous les félicitèrent et Ricardo lui remit le chiot sur ses genoux.

— Angel, j'espère que tu nous épouses avec Will car nous venons avec lui.

— Ah! Ah! Ah! Je ne pourrais me passer de vous.
— Tu dois lui donner un nom à ce chiot.
— Je vais y penser.

Tout à coup, elle regarda Will les yeux grands ouverts.

— Ah non, mon ange, non.

Tous les regardaient en souriant. Ils attendaient de connaître le nom que Will semblait avoir deviné.

— Il n'en est pas question. Non.
— Bon très bien, je vais continuer à réfléchir.
— Papa, je ne savais vraiment pas quoi t'offrir pour Noël.
— Pareille pour moi mon fils.
— Mais après avoir vu ce qu'Angel pouvait dénicher comme idée, c'est terrible. On passe pour des minables.
— Will, tu es là et en plus tu nous apportes une famille. Ce n'est pas rien ça.
— Papa, je te taquine un peu. L'enveloppe qui est dans l'arbre est pour toi. Angel m'a aidé à trouver et c'est vraiment un cadeau donc nous allons profiter avec toi.

William ouvrit l'enveloppe. C'était une carte de Noël toute simple, mais les mots que son fils y avait inscrits étaient mieux qu'un million de dollars.

Joyeux Noël papa. Heureux qu'Angel nous ait fait se retrouver. Je voudrais te faire la promesse aujourd'hui que chaque année,

MON ANGE GARDIEN D'AMOUR

nous passerons tous nos prochains Noëls
avec toi, ici. Aussi, nous aimerions, Angel
et moi que tu partes avec nous en bateau,
au moins deux fois par an. Tu seras
toujours le bienvenu avec nous.
Je t'aime papa.

William pleurait, les larmes coulaient silencieusement sur ses joues. Angel se rapprocha de lui et Will de l'autre côté. Puis William les prit dans ses bras et les embrassa.

— Merci mon fils. C'est un autre plus beau cadeau je dois dire.

Ils partirent à rire.

— Quand pensez-vous vous marier?
— J'aimerais bien à la Saint-Valentin.
— Non! Impossibles, Dylan et Kelly vont se marier à la Saint-Valentin.

Will sourit.

— Quoi? Nous allons nous marier avec eux?
— Non, pas avec eux, mais dans la même cérémonie. Sur le vagabond.
— Le vagabond quel nom affreux pour célébrer un mariage.

Will n'avait pas pensé à ce que le nom d'un de ses bateaux fait réagir Angel de cette façon.

— Oui, O.K. c'est vrai. Alors nous le baptiserons à nouveau.
— Un autre nom à trouver…tu pourrais le nommer Rico. C'est bien le nom que ta grand-mère te donnait?

Il lui sourit à voir son air coquin.

— Oui c'est vrai.
— Je croyais que c'est ton chiot que tu voulais appeler comme cela?

Elle riait. Il avait bien deviné.

— Le chien je vais le surnommer Milou.

Au retour à la maison, Angel avait hâte de faire découvrir à Will son autre cadeau.

— Wow! J'ai l'impression que tu m'as toute donnée. La prochaine fête, tu ne sauras plus quoi m'offrir.
— Oh! Je trouverai bien, je suis doué pour ça.

Deux mois après le mariage, Will invita son père pour une semaine sur le bateau avec eux. Angel et Will lui annoncèrent qu'ils attendaient leur premier enfant.

MON ANGE GARDIEN D'AMOUR

Tous deux avaient pu trouver le chemin du parfait bonheur.

Trouvez-les, ils sont là

Série Mon ange gardien :
Tome I : Mon ange gardien sexuel
Tome II : Mon ange gardien d'amour

Série La famille Mezzo :
Tome I : Ogan Mezzo que rien n'arrête trouvera les amours de sa vie
Tome II : La redoutable Zoé Mezzo devant la défaite…et l'amour
Tome III : Zack Mezzo, le beau charmeur chevauche avec l'amour
Tome IV : Emmanuël Mezzo face à son secret
Tome V : Michaël Mezzo tourmenté par ses amours
La famille Mezzo : L'intégral de la série

Je t'aime vraiment tu sais
Le Prince Aja envoûté par Danna
L'amour interdit de Magalie
Amoureuse de son sauveur
Le cadeau de Gabriella
Un cowboy pour Mia
Deux mois d'amour, une vie de passion
Mon oiseau volage d'amour
Annie taquine l'amour de sa vie
Destinée à lui
Alyssa, tu es mienne, eres mías

www.ingramcontent.com/pod-product-compliance
Lightning Source LLC
Chambersburg PA
CBHW071505040426
42444CB00008B/1496

9 7 8 2 9 2 4 4 9 4 4 1 7